U0568045

"十三五"国家重点出版物出版规划项目

经济科学译丛

共谋理论
和竞争政策

小约瑟夫·E. 哈林顿（Joseph E. Harrington, Jr.） 著

王申 陈媚 译

吴汉洪 校

THE THEORY OF COLLUSION
AND COMPETITION POLICY

中国人民大学出版社
·北京·

《经济科学译丛》

编辑委员会

学术顾问

高鸿业　王传纶　胡代光　范家骧　朱绍文　吴易风

主　编

陈岱孙

副主编

梁　晶　海　闻

编　委（按姓氏笔画排序）

王一江　王利民　王逸舟　贝多广　平新乔　白重恩
朱　玲　刘　伟　许成钢　李　扬　李晓西　李稻葵
杨小凯　汪丁丁　张宇燕　张维迎　林毅夫　易　纲
金　碚　姚开建　钱颖一　徐　宽　高培勇　盛　洪
梁小民　樊　纲

《经济科学译丛》总序

中国是一个文明古国，有着几千年的辉煌历史。鸦片战争后，中国由盛而衰，一度成为世界上最贫穷、落后的国家之一。中国共产党领导的革命把中国从饥饿、贫困、被欺侮、被奴役的境地中解放出来，1949 年中华人民共和国成立，中国人民从此当家做主。1978 年以来的改革开放，使中国真正走上了通向繁荣富强的道路。

中国改革开放的目标是建立一个有效的社会主义市场经济体制，加速发展经济，提高人民生活水平。但是，要完成这一历史使命绝非易事，我们不仅需要从自己的实践中总结教训，也要从别人的实践中获取经验，还要用理论来指导我们的改革。市场经济虽然对我们这个共和国来说是全新的，但市场经济的运行在发达国家已有几百年的历史，市场经济的理论亦在不断发展完善，并形成了一个现代经济学理论体系。虽然许多经济学名著出自西方学者之手，研究的是西方国家的经济问题，但他们归纳出来的许多经济学理论反映的是人类社会的普遍行为，这些理论是全人类的共同财富。要想迅速稳定地改革和发展我国的经济，我们必须学习和借鉴世界各国包括西方国家在内的先进经济学的理论与知识。

本着这一目的，我们组织翻译了这套经济学教科书系列。这套译丛的特点是：第一，全面系统。除了经济学、宏观经济学、微观经济学等基本原理之外，这套译丛还包括了产业组织理论、国际经济学、发展经济学、货币金融学、财政学、劳动经济学、计量经济学等重要领域。第二，简明通俗。与经济学的经典名著不同，这套丛书都是国外大学通用的经济学教科书，大部分都已发行了几版或十几版。作者尽可能地用简明通俗的语言来阐述深奥的经济学原理，并附有案例与习题，对于初学者来说，更容易理解与掌握。

经济学是一门社会科学，许多基本原理的应用受各种不同的社会、政治或经济体制的影响，许多经济学理论是建立在一定的假设条件上的，假设条件不同，结论也就不一定成立。因此，正确理解和掌握经济分析的方法而不是生搬硬套某些不同条件下产生的结论，才是我们学习当代经济学的正确方法。

本套译丛于 1995 年春由中国人民大学出版社发起筹备并成立了由许多经济学专家学者组成的编辑委员会。中国留美经济学会的许多学者参与了原著的推荐工作。中国人民大学出版社向所有原著的出版社购买了翻译版权。北京大学、中国人民大学、复旦大学以及中国社会科学院的许多专家教授参与了翻译工作。前任策划编辑梁晶女士为本套译丛的出版做出了重要贡献，在此表示衷心的感谢。在中国构建高水平社会主义市场经济体制时期，我们把这套译丛献给读者，希望为中国经济的深入改革与发展做出贡献。

《经济科学译丛》编辑委员会

谨以此书纪念我的父亲，感怀他的乐观、勇气、正直和啤酒品味。

译者序

共谋（collusion）是现实世界中存在的普遍现象，古今中外皆有之。涉及经济学领域，在寡头市场中，具有竞争关系的同业竞争者为了规避两败俱伤的竞争或共同抵御行业外的进入者，就会有共谋的意愿。在经济学中，共谋是指一个市场中的企业之间就产量或价格等达成某种协议。联合行事的企业团伙则被称为卡特尔（cartel）。从政府对市场竞争进行监管的角度看，共谋行为是最典型的损害市场竞争的行为，各国反垄断法均对共谋行为予以明确反对与禁止。

摆在读者面前的这本篇幅不长的《共谋理论和竞争政策》是一本颇具特色的关于共谋的经济学著作，本书具有如下特点。

第一，本书对共谋经济理论的发展具有较重要的贡献。传统的共谋理论将卡特尔组织被揭露、起诉和定罪的过程整合为一个外生的概率参数放入模型中进行分析，这使得传统理论不仅在对卡特尔的形成、存续、解体的认识方面存在较大局限，而且难以在执法实践中得到深入、充分的应用。本书从理论上修正了传统的共谋经济理论的模型，将竞争执法机构的执法过程和决策过程内生化，充分考虑其与卡特尔组织之间的策略互动，以更完整的动态博弈取代了用简单外生概率分析卡特尔从形成、存续到自然解体或被动解体的完整过程的方法，详细分析了卡特尔组织的"生命的全貌"，使共谋的经济理论更趋完善，也更贴合现实。

第二，本书是目前少有的用严格的经济学理论探讨企业共谋行为的经济学著作。不仅如此，本书还是一本难得的使用经济学的逻辑和研究方法分析竞争执法机构的执法运作、决策过程，以及其与卡特尔的策略互动的著作，对竞争执法者、反垄断从业者具有很高的指导价值。本书将经济学理论与执法过程深入地结合，在研究共谋和卡特尔的著作中独树一帜。

第三，本书的分析建立在严格的经济学理论的基础之上，语言紧凑、逻辑严密。其分析范式和行文逻辑适合研究共谋理论相关问题的经济学和产业组织研究者阅读；其分析视角和研究的问题又很贴合企业运营和竞争执法现实。

本书的出版至少具有如下意义：一是可以使我国的读者更深入地认识现实中的共谋现象。二是对我国反垄断执法部门查处垄断协议行为有积极的作用。本书采用更贴合执法实际的视角进行分析，实用又不失严密，为我们了解较新的卡特尔监管理论打开了一扇窗。本书对于我国反垄断领域的学者、监管者和对该论题感兴趣的人员均有阅读价值。本书的翻译分工如下：我主持全书的翻译工作；陈媚翻译本书前两章；王申翻译其余部分，并做了大量辅助性工作。

由于时间仓促和水平有限，翻译中的偏颇和错误在所难免，敬请读者批评指正。

吴汉洪

于中国人民大学明德楼

2020 年 12 月

前　言

　　本书探究了非法共谋的理论。所谓非法，指的是企业以某种违反竞争法的方式共谋，并且一旦被查处，企业将受到相应的处罚（或惩罚）。本书的目的是让读者了解非法共谋理论领域中的最新发展、前沿问题、理论模型、基本结论，以及研究方向。无论你是致力于研究非法共谋如何运行以及如何恰当合理地设计竞争法的相应条款和执法机制的经济学者，还是仅仅想了解非法共谋理论的普通读者，本书都非常值得一读。我尤其欢迎经济学博士生阅读本书，并希望他们可以发现该书中有待补全的方面，以之作为其论文题目的来源。

　　当然，我建议本书的读者对重复博弈理论有基本了解，这是本书所探讨的共谋理论的基础。关于这方面的理论，硕士水平的读者可以参考 Tirole（1988）和

Motta（2004）这两本教科书*，博士水平的读者则可以参考 Vives（1999）**。以严格的经济学理论为基础，本书将给读者带来"漫游于经济学理论广袤原野"①之感。当然，在阅读本书之前，如果读者还想了解卡特尔是如何构建，以及其策略是如何付诸实践的，我推荐阅读 Harrington（2006）、Marshall 和 Marx（2012）的研究。对于竞争执法者、律师及相关从业者（当然也包括经济学家和相关学者），后者将非常适合阅读，你也会发现这是一篇富有实践创造性的文献；对于想要在阅读本书之前探寻共谋理论的制度和事实依据的读者，前者将十分适合，它是一篇从经济学理论视角，通过构建理论模型来分析共谋行为的研究。

感谢匿名评审人对本书的评议，也感谢合法与非法卡特尔研究会（Legal and Illegal Cartels Conference）的诸位参会者，正是于 2015 年 12 月在曼海姆召开的会议上，我以主讲人的身份第一次对外公开了本书的初稿。最后还要感谢国家自然基金会（SES-1148129）对本书的资金支持。

---

① United States v. Topco Assocs.，405 U. S. 596，610，n. 10（1972）.

* 这两本教科书分别为 Tirole, J.（1988）. *The Theory of Industrial Organization*. MIT Press.（中文译版可参考：泰勒尔. 产业组织理论. 北京：中国人民大学出版社，1997）；以及 Motta, M.（2004）. *Competition Policy：Theory and Practice*. Cambridge University Press.（中文译版可参考：马西莫·莫塔. 竞争政策——理论与实践. 上海：上海财经大学出版社，2006）。——译者注

** 这本书为 Vives, X.（1999）. *Oligopoly Pricing：Old Ideas and New Tools*. MIT press. 目前还没有中文译版。——译者注

目　录

第一章　引　言 ……………………………………………………… 1

　　1.1　共谋的定义 ……………………………………………… 1

　　1.2　全书概览 ………………………………………………… 8

第二章　博弈论模型的相关问题 ………………………………… 9

第三章　竞争政策对共谋的影响 ………………………………… 14

　　3.1　卡特尔的形成和存续 ………………………………… 14

　　3.2　卡特尔的参与决策 …………………………………… 22

　　3.3　共谋价格 ……………………………………………… 25

　　3.4　小　结 ………………………………………………… 44

第四章　最优的竞争政策·· 46

　　4.1　建模问题概述 ·· 46

　　4.2　最优执法 ··· 48

　　4.3　惩罚的最优设计 ·· 54

　　4.4　客户损害 ··· 59

　　4.5　宽恕政策 ··· 64

　　4.6　小　　结 ··· 82

第五章　可供未来研究的一些方向 ····························· 84

参考文献 ·· 87

附录：数学符号 ··· 100

第一章

引　言

■ 1.1　共谋的定义

共谋是指同一市场里的多家企业为获得比竞争条件下更为有利的结果（supra-competitive outcome）而相互协调（coordinate）彼此行为的做法。比竞争条件下更为有利的结果是指市场价格高于企业之间不协调情况下的价格水平。在共谋的经济理论中，协调是企业竞争策略的一部分。企业的竞争策略指导其经营行为（例如定价水平和生产数量），而其经营行为既取决于市场运行的历史特征（例如市场上其他企业前期的定价水平），又取决于当下市场中的各项指标（例如某个企业的成本和市场需求的高低）。用通俗易懂的话来说，经济学理论中共谋的定义是：

共谋是指多家企业依据各种市场和非市场指标的历史数据或历史条件构建策略，以获得并维持对自身来说较竞争条件下更为有利的结果。该策略的基础是一个奖惩机制，该机制会对维持这种有利结果的企业予以奖励，对背离这种有利结果的企业予以惩罚。

具体来说，如果一家企业维持这种有利结果，例如较高的价格、独家销售区域、客户歧视等，那么其对手企业也将继续维持共谋结果（例如维持高价销售）作为对其的回报（rewarded）；如果这家企业背离共谋结果，例如设定较低的价格、以超过配给的数量销售产品、向其他企业的客户销售产品等，那么其对手企业未来将会以激进的行动对其实施惩罚（punished）（例如设定更低的价格、向实施背离行为企业的客户进行销售等）。共谋的企业通过它们之间明示或默示的共识，将未来的奖惩机制和当前的经营行为绑在一起，以激励企业维持较竞争条件下更为有利的结果。这种共识可以视为一种契约，对违约行为给予的惩罚是对手方未来的报复行为。值得注意的是，这种契约能够生效的条件是它必须能够自我执行（self-enforcing），也就是说，缔约的任何企业只要发现其他企业都遵守约定，那么它自己也遵守约定才是最符合自身利益的。

一个共谋策略包含三个基本要素。第一，共谋的目标结果（collusive outcome）。例如，设定多高的共同价格，或者规定哪个企业在哪个地理区域销售（如果共谋机制中包含有关地理区域独占性销售的规定）。第二，监督协议（monitoring protocol）。企业之间会互相监督彼此是否在维持共谋协议中规定的各种目标结果。如果价格可以被彼此观察到，并且共谋的目标结果就是设定一个共同的高价，那么它们可以通过历史成交价来监督彼此的行为。然而，如果是向企业性质的买家提供中间产品（例如向建筑公司出售水泥），此时卖方和买方可以以私下协商的方式确定价格，那么通过观测价格的监督方式就不起作用了。在这种情况下，比竞争条件下更为有利的结果包含分销配额（当然也包括设定共同的销售价格），此时企业之间可以通过比较实际销售额与销售配额来实现对彼此的监督。第三，惩罚（punishment）。当某家企业被观察到违背了共谋的目标结果时，其他参与共谋的企业将对其实施惩罚。这种惩罚可能是暂时或永久性地恢复到竞争性价格，也可能是其他企业对背离企业展开的一场激烈的价格战——以极低的价格销售产品。

现在，我们用博弈论的专业术语来更正式地解释本节开篇对共谋的定义：同一市场里的多家企业为获得较竞争条件下更为有利的结果而调整自身的战略。由于竞争性的基准点（相较于共谋状态）通常被定义为静态寡头（非合作）博弈下的纳什均衡结果，因此，在较竞争条件下更为有利的结果中，很自然地会出现高于静态纳什均衡的价格。在博弈论的语言体系下，共谋策略中的"协调"是一种重复博弈（其中每个阶段的博弈是一开始静态寡头博弈的延续）中的子博弈完美均衡（或序贯博弈均衡）的结果。这样一来，各家企业可以通过使用一个建立在历史数据和历史行为上的策略来实现较竞争条件下更为有利的结果。具体来说，这种有利结果的均衡由于一种关于惩罚背叛者的可置信的威胁而得以维持。如果有成员违背了约定的共谋目标结果，其他成员则可以暂时甚至永久性地恢复到静态非合作纳什均衡下的定价。无论实施何种惩罚措施，都将导致背叛企业的收益下降。①

至此，我们给出了共谋的定义。然而，本书研究的重点不在于共谋本身，而在于违反竞争法的企业共谋行为。于是我们很自然地要问：什么样的共谋行为是非法的？答案显然取决于某个具体国家某部具体法律的规定，包括法律解释（通常由法院给出）以及确定是否违法所需的证据，而违法责任和认定的证据标准随着时间和地域的不同而不同。鉴于此，我将致力于给出一个广泛适用的（尽管不是普遍适用的）非法共谋的定义。

包含禁止共谋条款的竞争法通常可以追溯到美国于 1890 年颁布的《谢尔曼法》（Sherman Act）（虽然实际上加拿大于 1889 年就已经制定并通过了竞争法）。《谢尔曼法》的第一条就是禁止不合理地限制交易的合同、组织和共谋行为。② 条款中"合同、组织和共谋行为"的说法反映在后来的一系列案件和相应的法院判决中，形成"协议"这样一个概念。如今的普遍共识是，当存在竞争关系的企业之间制定了

---

① 关于一般的重复博弈框架中共谋理论的讨论，一些有价值的参考文献是 Tirole（1988）、Vives（1999），以及 Motta（2004）。

② 在不同的州或与不同的国家之间的每一份合同，若包含信托、其他形式的协议或组成共谋，从而限制了贸易或商业活动的契约或行为，都被认为是非法的。

限制竞争的协议（an agreement among competitors to limit competition）时，这些企业就违反了《谢尔曼法》的第一条。尽管"协议"一词如今看来已成为界定责任的重要组成部分，但其并未出现在《谢尔曼法》的条文中，不过后来许多新兴的司法管辖区将该术语纳入竞争法。例如，1999 年版《欧盟运作条约》（TFEU）的第101 条第一款规定："禁止以下行为：所有以阻碍、限制或扭曲共同市场内的竞争为目的或有此效果……的企业间协议、企业协会的决议和一致行动。"

基于此，我们的问题由"什么是非法的共谋行为"变成了"什么是企业间限制竞争的协议"。美国最高法院的主要司法裁决给出的解释是：企业之间为了限制竞争形成的相互理解以及达成的明示或默示的共识可以被认为是一种"协议"。用裁决原文中的话来说，就是当企业之间存在"一致的目标、共同的设想和理解，或者契合的想法"①，或者"对一个共同的计划做出有意识的承诺，以达到其非法目的"②时，就存在所谓的"协议"。这种观点得到了欧洲联盟法院（European Union's General Court）的呼应，其将协议界定为有着"共同意志"③ 或"一致意愿"④ 的共识。

上述说法中，"契合的想法"、"对一个共同的计划做出有意识的承诺"和"一致意愿"事实上指的都是同样的一件事：不同企业为了采取某种共同的方式限制竞争，从而达成了某种共识。企业达成共同信念的条件与均衡概念之间的相关之处可以参考 Yao 和 DeSanti（1993）、Werden（2004），以及 Kaplow（2013）的研究。

通过有违自利倾向的行动证据可以推断出企业间协议的存在，一次性博弈对此进行了清晰界定。如果在特定博弈中，像经典的一次性博弈寡头垄断模型一样，存在唯一的纳什非合作均衡，那么在不与竞争对手进行协调的前提下，每个玩家都会采取唯一的行动，这一均衡下的行为符合其自身利益，其他任何行为都不符合……在一次性寡头博弈框架下，若企业行动与纳什非合作均衡不

---

① American Tobacco Co. v. United States，328 U. S. 781 (1946).
② Monsanto Co. v. Spray-Rite Serv. , 465 U. S. 752 (1984).
③ 1970 年 7 月 15 日法庭的判决。ACF Chemiefarma NV v. Commission of the European Communities，Case 41 - 69.
④ 2000 年 10 月 26 日原讼法庭的判决。Bayer AG v. Commission of the European Communities.

符，则可以推断存在协议，即使在重复寡头博弈中的相关行为与纳什非合作博弈均衡是一致的。①

虽然这些表述看似已经清晰阐明了企业之间限制竞争的共识是非法的，但美国最高法院同样也清晰地认识到，还需要更多的分析来得出上述结论，比如不同企业出自"共同经济利益"的考虑但没有通过蓄意的或公开的努力而达成的一致性共识并不违反《谢尔曼法》第一条。

> 我们可以进一步地看到，法院指出，《谢尔曼法》禁止的是协议（agreements），并且几乎统一地认为至少在价格领域，单个的定价决策（即使每家企业都相信其对手会固定价格，进而它也固定价格）并不构成《谢尔曼法》第一条所禁止的非法协议，这并不是因为该价格是企业心目中的理想价格（实际上也不是），而是因为针对这种"彼此依赖"的定价行为几乎不可能设计出可操作的司法救济措施。我们如何才能要求一家企业在制定其销售商品的价格时完全不考虑竞争对手可能做出的反应呢？②

法院进而要求《谢尔曼法》禁止的应该是曾坦露合作意图并相互产生信赖的企业，而且它们基于此进行了协调并抑制或损害了竞争。一个协议不仅是企业间协调压制竞争的共识，而且是共识产生过程的一种表达：

> 通过实施协议中的构想，反托拉斯法澄清了协议不仅是其达到的结果，而且是企业制定协议的过程。并不是每一种协同定价的结果都意味着背后存在一个协议，因为并非每一个这样的结果都是通过法律所禁止的过程达成的。这个过程就是企业间的协商，当企业间达成共识并产生互信后，协商就完成了。③

在实践中，要界定一个协议，企业之间不仅必须有限制竞争的共同信念，而且需要有达成该共同信念的某种交流。

---

① Werden (2004，770，779).
② Clamp-All Corp. v. Cast Iron Soil Pipe, 851 F. 2d at 484 (1st Cir. 1988).
③ Baker (1993，179).

沿着法律理论的思路，我们可以得出三种共谋的类型：（1）明示共谋（explicit collusion），（2）默示共谋（tacit collusion），（3）有意识的协同行为（conscious parallelism）。明示共谋是指，"有显而易见的证据证明嫌疑企业已经互相确认将采取共同行动。"[1] 例如，如果企业（更确切地说是企业的负责人）通过交谈针对涨价计划达成共识，那么这是一个明示共谋。默示共谋不需要明示的互信交流，但需要企业交流涨价的意图，并且相信其他企业也会这么涨价。[2] 例如，假设一个企业在一个行业层面的会议上宣布了它的涨价计划，在没有更进一步交流的情况下导致了企业间形成都涨价的共识（后续行为的确造成了涨价），那么这些企业都从事了默示共谋。假如一个企业涨价，而其他企业在没有沟通的情况下匹配其涨价水平，那么这就是一个有意识的协同行为。这个过程本身并不违法，因为这有可能源于在一个相对集中的市场中，企业之间会共享部分局部垄断力量，将它们的价格制定在符合其共同经济利益且比在竞争条件下更有利的水平（也就是利润最大化的价格水平）上。[3]

在上述讨论中，可以清晰地看出经济学意义上的共谋（更确切地说是博弈论意义上的共谋）与非法的共谋是不同的概念。前者聚焦于企业行为的市场结果，以及企业之间的互信是如何支撑这些市场结果的。以术语简而言之，它关注策略博弈的均衡状态。而与之相对，后者关心共谋均衡是如何产生的，也就是达到共谋均衡状态的过程。经济学意义上的共谋可能是合法的。若暂不考虑禁止过高定价的法律规定[4]，只要企业没有对惩罚机制进行明确的事先沟通，则基于这种"隐晦"的惩罚机制来收取比竞争状态更有利的定价的行为也是合法的。另外，非法共谋也不一定是经济学意义上的共谋。例如，企业之间通过沟通从一个静态纳什均衡一起移动到另一个竞争相对较弱的纳什均衡的行为，也可能是违法的，即使它们这样的举动并不是一个重复博弈的纳什均衡解上的行为。[5]

---

[1] Kovacic（1993，19）.

[2] Page（2009，451）.

[3] Brooke Group Ltd. v. Brown & Williamson Tobacco Corp.，509 U.S. 209（1993）.

[4] 关于过高定价法律的讨论，参见 Evans 和 Padilla（2005）.

[5] 关于这里最后一点的讨论，参见 Harrington（2013b）.

□ 关于术语的补充说明

在结束本章之前，我想讨论一个被产业组织经济学家滥用的专业术语。均衡研究方法认为：如果企业对共谋策略存在共识，那么这一共谋策略（在均衡意义上）就是稳定的，因此共谋得以维持。这种研究思路是基于已经存在共识的假定，因此它并没有解释共识是如何形成的，而这一形成过程恰好是法律关注的重点。由于共谋的经济理论并不包含均衡的形成过程，因此也不包含明示共谋和默示共谋之间的法律界限与现实界限。要界定清楚这些边界，就必然需要关注企业在重复博弈中从一阶段博弈纳什均衡转移到共谋均衡的过程。由于均衡理论完全不涉及非均衡过程（均衡之间转移的过程就是非均衡过程），因此把共谋的均衡理论直接适用于明示共谋或默示共谋并没有意义，该理论在这一问题上尚存空白。[①]

因此必须承认的是，尽管寡头理论的研究者一直以来都将其理论应用于默示共谋行为（当然这也有我的责任），但这种应用具有误导性而且没有必要。之所以称其具有误导性，是因为这些理论并不研究企业达成均衡的过程，而这恰恰是明示共谋与默示共谋的根本区别。将共谋理论分出一类默示共谋，不仅会混淆法学学者的理解，因为他们不知道在没有沟通的情况下一个模型到底是默示共谋还是明示共谋，而且他们可能会误以为这一理论实际上是用于理解缺乏沟通证据情况下的共谋行为的。[②] 此外，放弃使用"默示"这个词并不会使相应的经济学理论失去任何关键的实质性内容，因为这个词在博弈论背景下没有意义。如果使用"共谋"而非"默示共谋"这个词，经济学家就不会搞混了。基于上述原因，当本书中提到共谋的均衡理论时，我将弃用"默示"这个词。[③]

---

① 一些共谋理论将企业间的沟通作为均衡的一部分（3.3.3 节中有简要讨论），并将沟通时所传达的内容作为依据，这可能导致行为的非法性。在这里，我指的是达到均衡的沟通，这是法律的（虽然不是唯一的）焦点。

② 均衡理论不是关于企业如何在没有沟通的情况下共谋的理论。假设企业在博弈中没有沟通的条件下形成对彼此的信念表明了企业如何在没有沟通的情况下达成相互信任（以及企业如何在没有沟通的情况下共谋），这是不合理的。

③ 如果经济学家认为在某种情形下可以将共谋称为"默示的"，那么经济理论中"明示共谋"的例子又是什么？有些人可能会说，通过有约束力的合同可以强制执行共谋，但这是一个违反法律和惯例的无关情况。在大多数国家，共谋的安排从未被明确执行过，据我所知，目前在任何国家都无法执行。

1.2 全书概览

在本书中，我回顾了两个方面问题的理论研究：（1）竞争法和竞争执法是如何影响企业是否共谋、共谋多长时间以及共谋的程度等决策的？（2）竞争法和竞争执法应当如何设计才能达到最优？本书第三章将探讨第一个问题。第四章主要探讨第二个问题，但其中也会涉及与第一个问题相关的一些讨论。作为研究的起点，第二章将在共谋模型中讨论一些涉及竞争法和竞争执法的普遍问题。基于这两个问题，我们的最终目标是描述一些权威模型，审视其关键结论和见解，并对未来的研究方法提出建议。

最后要说明的是，本书讨论的焦点是理论，所以我不会涉及实验和实证研究。[①]在共谋的理论领域，绝大多数模型假设竞争执法者对企业有完全的监控能力，原因是少有研究将竞争法和竞争执法纳入共谋模型中并思考不完全监控能力带来的问题。虽然许多共谋实践只能在不完全监控下理解，但已有的许多理论研究在考虑竞争法和竞争执法的影响时，并未考虑这一情形。

本书的研究也不涉及关于共谋与竞争政策关系的理论文献。理论研究普遍在模型中假设决策主体谋求利润最大化，并假设企业作为主体从事了共谋并成为被处罚对象。实践中，往往是企业的管理者实际开展共谋，他们的动机可能是利润以外的其他因素，管理者所受到的处罚也与企业所受到的处罚截然不同。本书也没有包含对执法机构决策问题的全部研究[②]，尽管这是未来研究一个关键的方向。同时，还有少量文献研究在拍卖机制下竞争政策设计的启示。为了不分散我们的注意力，本书将集中关注产品市场，偶尔会涉及一些拍卖理论中关于共谋和竞争政策的部分。最后，本书也不会讨论纵向限制与共谋的竞争政策问题。[③]

[①] 关于实验性质研究的综述，参见 Choi 和 Gerlach（2015）；关于实证研究，参见 Levenstein 和 Suslow（2006，2015）。

[②] 我能想到的文献有 Aubert，Rey 和 Kovacic（2006）、Angelucci 和 Han（2011），以及 Thêpot 和 Thêpot（2016）。

[③] 例如，Jullien 和 Rey（2007）。

共谋理论和竞争政策

第二章

博弈论模型的相关问题

在细致探讨模型之前，本章先对非法共谋相关模型的核心问题予以概述，关于这些问题更深入的讨论留待本书其他部分展开。

在将竞争法和竞争执法机构纳入模型前，我们先考虑一下将共谋模型化的诸多路径。我们首先从静态寡头模型开始，在这一模型里，企业同时选择同质或异质产品的数量或价格。静态寡头纳什均衡模型构成了竞争性的基准参考点（或称非共谋的基准参考点）。正如我们接下来将会发现的，一旦在分析中加入竞争法和竞争执法，为了使分析易于处理，研究中就很少考虑使用一个特别简单的寡头模型，例如囚徒困境或同质产品的伯特兰价格模型。当然，当研究的核心是竞争政策如何影响共谋价格时，选用更为复杂的寡头模型也是必要的。

利用静态寡头模型，我们可以通过两种方法引入共谋。第一种是静态方法，假设企业协同行动而非独立决策。企业共同的目标是选择可以最大化集体利润的价格或数量。在企业是对称的情况下，所有企业拥有相同的利润函数（进一步意味着它们具有相同的成本结构和产能、相同的或具有对称差异性的产品），这是自然而然的理性选择，因为集体利润最大化就意味着单个企业利润最大化。然而，当企业非对称时，集体利润最大化就不是一个理性的目标（除非允许转移支付），因为很可能某个企业在共谋下获得的利润低于竞争情况下获得的利润，更一般地说，由于从共谋中得到的回报分配不均匀，某些企业很可能对相关安排不满。但是，如果允许转移支付，那么企业通过相互协调实现行业利润最大化的行为就是合理的，因为它们可以在企业之间任意分配利润，以确保通过形成卡特尔，每个企业的效益都得以改善。如果企业不对称且转移支付不可行，则可以假设企业的价格和数量是根据讨价还价的解决方案来选择的，例如在纳什议价解决方案中，威胁点是静态纳什均衡利润（Schmalensee，1987）。通过这种方法，所有企业都将从共谋中受益，收益的多寡是谈判的结果。

第二种引入共谋的方法更合理，也更常见。这种方法将共谋行为演绎为无限或无期限重复博弈的均衡，该均衡的原博弈是原始静态寡头博弈。静态方法能够体现共谋的结果，而动态方法可以解决企业何时共谋的问题，也就是在什么时候存在一个比竞争状态更有利的价格的均衡。在评估竞争政策的影响时，原则上可以探讨其对共谋均衡的影响，但更为普遍的做法是参与均衡的选择并研究其对该均衡的影响。当企业是对称的时，自当按照帕累托效率进行选择，也就是最佳对称均衡（所有子博弈完美均衡或某类子博弈完美均衡）。当企业是非对称的时，企业决策的标准有均衡的背叛诱惑（Friedman，1977；Bae，1987）、集体利润最大化（若转移支付可行），以及纳什议价（Harrington，1989，1991）。在第二种方法中，纳什议价的决策方案仅适用于均衡状态下的各企业收益组合而非所有状态下企业的收益组合，以确保关于企业收益的任何协议实际上可以自我执行。

现在我们已经有一个共谋模型，下一步是纳入竞争法和竞争执法。这需要解决三个问题。第一，什么是非法的？也就是说，什么是非法的共谋？第二，确定非法性的决策过程是怎样的？也就是说，公司被定罪的条件是什么？第三，非法行为的后果是什么？也就是说，定罪时的处罚是什么？

关于第一个问题，正如第一章所言，在详细说明什么是非法行为方面，几乎所有的经济学模型都未能对不同类型的共谋在法律上划出清晰的界限。因为传统经济学模型侧重的是某一特定类别的均衡，并预先假设该类行为是非法的。本书通过把定罪的可能性加入传统的共谋理论经济学模型的途径将竞争法和执法行为纳入其中，从而构建完备的包含所有类型的共谋理论框架。对传统模型的这种修正使我们对惩罚的决策和行为上的某些改变有了全新的认识，同时在均衡决策和均衡行为上得出与传统模型不一样的结论（例如，共谋终止的条件、向静态纳什均衡回归的条件等），进而将非法与否的判断内生化，从而对共谋的非法性和合法性做出了区分。当然，需要承认也有少量的经济学论文的确对共谋均衡进行了区分，实质性地对比了模型中有企业沟通（发送空谈博弈信息）和无企业沟通的情形。然而这方面的文献仅占整个研究的很小一部分，若把竞争法这一因素考虑进来，并假设只有存在企业间沟通时，共谋均衡才可被处罚，那么这部分文献更微不足道了。因此，我们迫切地需要更多在内生监管情形下的研究。

在认定共谋非法的情况下，模型要对执法者判定企业违反法律的过程进行建模，才能回答上述第二个问题。原则上，判定需要经历三个阶段：（1）侦查，（2）起诉，（3）定罪。实践中，侦查这一功能可以由客户（通常是行业买家）、非涉事雇员（扮演告发者的角色）、未参与卡特尔但具有竞争关系的企业，以及竞争执法机构完成。起诉通常由竞争执法机构实施。在允许私人诉讼的国家，也可以由受到损害并寻求损害补偿的消费者发起。定罪则取决于证据标准和其他司法程序，例如控辩交易。现有文献中，标准做法不是将这些不同阶段分别模型化，而是将这三个阶段压缩成一个概率参数 σ，即卡特尔被揭露、起诉和定罪（并处以罚金）的概率。常用的较符合实践的做法是设置一个调查概率参数 ω（包括揭露和起诉），以及在一个调查的前提下定罪的概率参数 ρ，并使 $\sigma = \omega\rho$。

概率 σ 可以作为各期的固定标量，也可以是公司行为的函数。在 Harrington（2008b）中，每个时期调查发生的概率 ω 是固定的，并且在调查的条件下，定罪概率 ρ 是随机的，较高的 ρ 值反映出涉案行为是竞争执法机构更为看重的。或者，可以假设一个概率函数使 σ 成为企业的行为函数。函数 σ 可以是当前共谋价格（Block，Nold 和 Sidak，1981）或价格变化的增函数（Harrington，2004a，2005）。

虽然现有的研究认可企业的价格会影响其被揭露和定罪的概率，但并没有探讨现实中企业的各种策略实践是如何产生影响的。例如，不同企业的管理者之间公开或秘密地会面、交流的频率将如何影响共谋被揭露的概率？企业间的信号传递行为如何影响被揭露和定罪的概率？相比于诸多市场划分的情形，具体的共谋形式又如何影响可能的证据数量？等等。我们要说的是，竞争政策的价值不仅可以震慑共谋，而且使得企业只能使用没那么有效的共谋方式。企业不总是采取最直接的沟通方式恰恰证明了它们试图避免被定罪的用意。它们往往采用没那么有效的方式进行共谋，以换取更低的预期处罚金。

到目前为止，卡特尔被处罚的概率仍然被模型化为一个外生函数。一个更一般化的方法是将其看作竞争执法机构或客户揭露卡特尔、决定是否起诉、对其定罪这一系列决策的结果。在静态假设下，Besanko 和 Spulber（1989）、LaCasse（1995）、Souam（2001）、Schinkel 和 Tuinstra（2006）研究了竞争执法机构何时起诉最优，Besanko 和 Spulber（1990）研究了客户何时起诉最优。Harrington 和 Chen（2006）涉及客户凭借经验发觉价格行为异常后提出申诉的情况。Harrington 和 Chang（2015）则考虑了侦查、起诉、定罪这三个阶段。他们假定：非法共谋被揭露的概率是外生的；非法共谋被起诉的概率是否内生取决于竞争执法机构选择哪些案件进行追诉，因此是执法机构的一个决策变量；非法共谋被定罪的概率是外生的，且与竞争执法机构待处理案件的总量负相关。卡特尔被处罚的概率及其程度通过允许卡特尔成员以自首换取宽恕而内生化。总而言之，这种方法考虑了卡特尔成员的最优化行为，以及其行为如何决定和影响调查、起诉的启动和定罪。

为了将竞争法和竞争执法纳入模型，需要解决的第三个问题是如何根据定罪确定罚款。在实践中，具体的处罚往往包括对企业的处罚（政府罚款和客户损害赔偿）和对个人的处罚（政府罚款、资格取消和监禁）。大多数研究文献是从利润最大化的角度（而非管理者的角度）研究共谋，对罚款的研究也侧重于企业层面，我们也将沿袭这一角度。

执法实践中存在一系列的罚款计算公式。欧盟委员会（European Commission）的罚款与许多因素挂钩，但最重要的考虑因素是卡特尔存续时长和共谋期间的收入。还有一种方法是将罚款与共谋产生的增量利润挂钩。在智利和美国，罚款可以高达卡特尔成员利润的两倍，而在澳大利亚和德国甚至高达三倍。对于客户损害赔偿，美国的传统做法是将卡特尔存续期间所销售产品数量与共谋价格减去非共谋价格后的多收部分相乘（非共谋价格是指在无共谋情况下市场竞争应当形成的价格，大多数研究自然地将其等同于静态纳什均衡价格，但事实上并不能说它就是企业从事合法共谋时的价格）。这类罚款可能是损害的数倍。

共谋行为模型中确定罚款的方法比实践中实际使用的方法简单得多。通常认为存在一个固定的罚款，原则上取决于市场特征（可能是市场规模的衡量标准）而非内生于企业行为。若认为罚款与企业行为挂钩，最普遍的假设是罚款取决于企业在卡特尔被揭露时的价格水平和数量。罚款可能随着企业从共谋中获得的收入或增量利润增长而增长，或者可以使用前文提到的损害计算公式。除了明确的经济处罚，还存在由定罪引致的隐性处罚——共谋的终止，即企业重回纳什均衡的原博弈。这种回转可在模型中设定为永久的或暂时的（如经过一段特定时期后或偶然再次共谋）。值得注意的是，在实践中，共谋可以因侦查和起诉终止，而不需要定罪。然而，这种可能性是无法模型化的，部分是因为大多数模型并不能划清起诉和定罪的边界。

与现实大不相同的是，大多数模型假设罚款是基于当期的共谋（即在卡特尔被揭露时期的共谋价格和数量），而罚款公式实际上考虑了卡特尔的整个生命周期（或至少是记录在案的部分）。就欧盟委员会而言，处罚与卡特尔存续时间成正比。美国的客户损害是针对企业被判定犯有共谋罪的所有时长计算的。虽然一些研究允许罚款取决于卡特尔的历史（Harrington，2004a，2005，2014），但这种做法带来了技术上的挑战，因为博弈不再是重复博弈，模型中存在一个以从过去的某个时期计算的累积处罚作为表现形式的状态变量。要想在模型分析中既包含卡特尔的经营历史，又避免使用状态变量，一种方法是假设罚款与共谋的预期增量价值成比例，这种方法可见于 Harrington 和 Chang（2009，2015）。事实上，它使得罚款与卡特尔对利润现值的平均（均衡）影响挂钩，而不是与实际影响挂钩。

第三章

竞争政策对共谋的影响

本章将聚焦于竞争法及竞争执法对共谋的影响，并回顾一些相关的理论研究。3.1节探讨了卡特尔的形成如何受其影响，以及卡特尔倘若形成，竞争法将如何影响卡特尔的存续时间。接下来，以假设一个卡特尔组织已形成为前提，3.2节探讨了竞争法和竞争执法如何影响公司在卡特尔中的参与行为。最后，3.3节讨论竞争法和竞争执法如何影响共谋价格。本书附录给出了使用到的数学符号列表，以便参考。

3.1 卡特尔的形成和存续

要探究竞争政策如何影响共谋的存在性这一问题，将其放在博弈论的框架中是十分有帮助的。已有的大多数文献并不是对卡特尔的形成进行建模，而是研究竞争政策如何影响共谋均衡存在的条件。从这个角度来看，共谋均衡条件越严格，卡特尔形成的可能性越小。试想一下，如果模型的参数不同决定了各行业的不同，那么较严格的均衡条件就意味着在一个较小的行业集合（即一个较小的模型参数的组合）中，（由均衡路径支持的）共谋是稳定的。这种方法的一个非常好的应用是 Chen 和 Rey（2013）。另一种方法是针对一组特定的行业并明确地对卡特尔的形成和解体过程进行建模。这类模型的一个吸引人之处是它可以推导卡特尔的平均存续时间和卡特尔的稳态。这种建模视角主要来自 Harrington 和 Chang（2009，2015）。

□ 3.1.1 竞争政策对共谋稳定市场的影响

我们首先提出一个简单的模型来探讨竞争法和竞争执法如何影响共谋均衡的存在。假设有一个无限期重复博弈，其中每一阶段的博弈是一个 n 家企业的囚徒困境。[①] 令 π^n 表示非共谋的每期利润（静态纳什均衡），因此非共谋利润流的现值为 $V^n \equiv \pi^n/(1-\delta)$，其中不变折现因子为 $\delta \in (0, 1)$。每期共谋利润为 π^c（大于 π^n），并假设企业之间对背叛共谋的行为采取严厉的惩罚以维持共谋的稳定。也就是说，背叛将导致永久性地走向非共谋的竞争结果。只要企业之间进行共谋，它们就会有一个恒定的利润流 π^c，其现值为 $\pi^c/(1-\delta)$。如果一家企业偏离了共谋结果，那么它在这个时期就会获得利润 π^d（大于 π^c），并且由于严厉的惩罚模式，其后变为 π^n。于是，在没有竞争法的情况下，当且仅当 $\dfrac{\pi^c}{1-\delta} \geqslant \pi^d + \dfrac{\delta\pi^n}{1-\delta}$ 时，共谋是稳定可持续的（从博弈角度来说，严厉的触发策略是子博弈完美均衡）。

下面考虑执法者存在时的情况。假设在企业共谋的每个时期，都有一个外生的概率 $\sigma \in (0, 1)$ 使得卡特尔被揭露、起诉并定罪。在这种情况下，企业会被罚款，并且我们继续假设，之后的时期它们不再进行共谋。[②] 对于罚款的数额，该执法方案将为每家企业在卡特尔存续期间的每个时期估计一个罚金 $f > 0$。那么理论上来

[①] 相关分析来自 Harrington（2014）。

[②] 可以直接调整随后的分析，允许卡特尔以一定的概率进行整改。此外，我们可以允许 σ 随时间变化，见 Hinloopen（2006）。

说，如果卡特尔在定罪前一起共谋经营了 T 期，那么它们将被处以价值 fT 的罚款。在实践中，罚款通常小于该值，因为处罚往往基于记录在案（documented）的卡特尔存续时间而不是真正的（true）卡特尔存续时间。所以为了在模型中表示出证据力量的衰减，我们假设罚款会随时间的推移而下降。令 F^t 为企业在第 t 期被执法部门捕获并被定罪后必须支付的罚金，则假设其演变如下：$F^t = \beta F^{t-1} + f$，其中，$1 - \beta \in (0, 1)$ 是折旧率。出于模型技术层面的考虑，假设罚款会贬值对其满足有界性是很重要的。

假设在均衡路径上，共谋在所有时期都是稳定可持续的。给定累积罚款额 F，$V^c(F)$ 表示共谋的价值。它由下面的递归式定义：

$$V^c(F) = \pi^c + \sigma[\delta V^n - (\beta F + f)] + (1 - \sigma)\delta V^c(\beta F + f) \tag{3.1}$$

可以证明，它等于

$$V^c(F) = \frac{\pi^c + \sigma\delta V^n}{1 - (1-\sigma)\delta} - \frac{\sigma\beta[1 - (1-\sigma)\delta]F + \alpha f}{[1 - (1-\sigma)\delta\beta][1 - (1-\sigma)\delta]} \tag{3.2}$$

上式第一项是来自产品市场经营利润的期望现值，第二项为罚款的期望折现值。

假设卡特尔组织自第 1 期开始运营，那么 $F^0 = 0$，并且在均衡路径上，对于 $\forall t \geqslant 1$，有 $F^t \in [0, f/(1-\beta)]$，其中，$f/(1-\beta)$ 是稳态下的罚金。共谋均衡条件要求，来自共谋的收益 $V^c(F)$ 至少与背叛共谋的收益一样大。为了明确给出背叛的收益，我们假设卡特尔可能在当下被即期侦测到，但不会在未来的某个时期被揭露。此时均衡的条件为：

$$V^c(F) \geqslant \pi^d + \delta V^n - \sigma(\beta F + f), \forall F \in [0, f/(1-\beta)] \tag{3.3}$$

可以证明，当 F 增大时，该均衡条件也会随之收紧。直觉上，鉴于企业最终受到处罚的概率会随着共谋经营的持续而逐渐上升，背叛共谋的行为（即在这之后卡特尔会解体）也会随着累积罚款的增加而变得更有利可图。因此，（3.3）式只有当且仅当它适用于 $f/(1-\beta)$ 的稳态罚金时才成立。在（3.2）式中，我们令 F 等于 $f/(1-\beta)$，可以解出稳态共谋价值：

$$V^c(f/[1-\beta]) = \frac{\pi^c + \sigma\delta V^n - \sigma(f/[1-\beta])}{1 - (1-\sigma)\delta}$$

将上式代入（3.3）式中，我们可以得到使得共谋稳定的充要条件：

$$\frac{\pi^c + \sigma\delta V^n - \sigma(f/[1-\beta])}{1-(1-\sigma)\delta} \geqslant \pi^d + \delta V^n - \sigma(f/[1-\beta]) \tag{3.4}$$

也就是说，当且仅当（3.4）式不成立时，共谋行为才会被抑制。当然，即使（3.4）式成立，也不意味着共谋一定存在，因为共谋均衡的存在并不意味着一定会发生共谋：总会存在一个不支持共谋的均衡。值得注意的是，共谋可以比竞争更有利可图——$V^c[f/(1-\beta)] > V^n$——但此时（3.4）式不再满足。正如 Buccirossi 和 Spagnolo（2007）所指出的，对形成卡特尔的威慑只要求竞争政策使共谋组织不稳定，而无须使它们无利可图。

如果我们考虑伯特兰价格博弈，则有 $\pi^n = 0$ 且 $\pi^d = n\pi^c$，在这种情况下，（3.4）式可以简化并改写为：

$$\pi^c \geqslant \frac{\sigma(1-\sigma)\delta(f/[1-\beta])}{n(1-\sigma)\delta - (n-1)} \equiv \Psi(\sigma, f, \beta) \tag{3.5}$$

假设除了次优替代品的价格之外，各个行业是完全相同的，而这将导致共谋利润 π^c 的变化。（3.5）式表明，只有满足 $\pi^c \geqslant \Psi(\sigma, f, \beta)$ 的行业才可能进行共谋。竞争政策越严厉（反映在更高的被揭露和定罪的概率 σ、更高的罚金 f，以及更有效的证据记录即更高的 β 上），$\Psi(\sigma, f, \beta)$ 越大，就有越多行业不会出现共谋经营。[①] 虽然（3.4）式中的共谋收益（不等式左边）和背叛收益（不等式右边）都随着 σ、f 和 β 的增加而增加，但是可以明显看出共谋收益对政策相关的参数更敏感（因为处罚概率随企业共谋时间的增加而增加），此时均衡条件就会收紧。

□ 3.1.2 竞争政策对卡特尔率的影响

探讨竞争政策如何影响共谋的另一种方法是明确地对卡特尔的形成和解体过程进行建模。虽然已经存在一些将卡特尔形成过程内生化的研究[②]，但是对卡特尔的

---

① 可以立即得出 $\Psi(\sigma, f, \beta)$ 随着 f 和 β 增加而增加。$\Psi(\sigma, f, \beta)$ 随 σ 单调递增的充分条件是 $\sigma \leqslant 1/2$，这也是共谋稳定的必要条件。也就是说，如果 $\sigma > 1/2$，那么（3.4）式将不成立。

② 例如，Selten（1973）、Prokop（1999），以及 Kuipers 和 Olaizola（2008）。

形成和解体过程进行建模的文献仅有 Harrington 和 Chang（2009，2015）。

现在我们将对无限期重复的 n 家企业囚徒困境博弈稍加改动。假设市场需求是随机的，企业可获得的潜在利润用 π 表示。利润 π 每期独立生成，它由可微的累积分布函数 H 给出：$[\underline{\pi}, \overline{\pi}] \rightarrow [0, 1]$，并且 $\mu \equiv \int_{\underline{\pi}}^{\overline{\pi}} \pi H'(\pi) \, \mathrm{d}\pi$ 表示其有界的均值。共谋利润等于潜在利润：$\pi^c = \pi$。正如在 Rotemberg 和 Saloner（1986）中所做的那样，企业在决定自己的行为之前就会观察到 π 的值。背叛共谋的利润是 $\pi^d = \eta\pi$，其中，$\eta > 1$。不共谋的利润是 $\pi^n = \alpha\pi$，其中，$\alpha \in [0, 1]$。

在模型中的任何一个时期，对于一个特定的行业，它要么形成卡特尔组织，要么保持竞争，并在接下来的时期保持该种状态。我们不妨假设它目前是一个卡特尔化的行业。给定观察到的潜在利润 π，共谋可能不是激励相容的（即它不是一个均衡）。在这种情况下，卡特尔组织解体，每家企业赚取 $\alpha\pi$ 的利润，行业转向非卡特尔状态。如果共谋是激励相容的，那么每家企业都会赚取 π 的利润。无论卡特尔解体与否，它都有 σ 的概率被当局抓住并定罪。如果它被定罪，那么该行业将转向非卡特尔状态。相反，如果行业当前并没有形成卡特尔，那么它有 $\kappa \in (0, 1)$ 的概率会转变为卡特尔行业。

在此模型中，行业可以在卡特尔稳定性方面发生变化，表现为参数 η 的变化，该参数控制了背叛共谋所带来的利润。依此区分的行业类型的可微累积分布函数为 G：$[\underline{\eta}, \overline{\eta}] \rightarrow [0, 1]$，其中，$1 < \underline{\eta} < \overline{\eta}$。

令 V^c 表示企业在卡特尔状态下的价值，V^{nc} 表示企业在非卡特尔状态下的价值。如果卡特尔被定罪，则对企业征收的罚款为 $\gamma([1-\delta]V^c - \alpha\mu)$，其中，$\gamma > 0$，$\alpha\mu$ 是平均非共谋利润。这种建模方法可以使罚款与企业自共谋行为中得到的平均增量利润相关。此时均衡条件为：

$$\pi + \delta([1-\sigma]V^c + \sigma V^{nc}) - \sigma\gamma([1-\delta]V^c - \alpha\mu) \geqslant \eta\pi + \delta V^{nc} - \sigma\gamma([1-\delta]V^c - \alpha\mu)$$

$$(3.6)$$

注意，当企业的非卡特尔价值为 $V^{nc} = (1-\kappa)(\alpha\mu + \delta V^{nc}) + \kappa V^c$ 时，将其与（3.6）式结合可以证明当且仅当

$$\pi \leqslant \frac{\delta(1-\sigma)(1-\kappa)([1-\delta]V^c - \alpha\mu)}{(\eta-1)(1-\delta[1-\kappa])} \equiv \phi(V^c, \eta) \tag{3.7}$$

时，均衡条件成立。正如 Rotemberg 和 Saloner（1986）所得出的，当事前实现的潜在利润足够低时，共谋是稳定的。当该利润很高时，当前背叛共谋带来的利润增加就很大，且接下来的收益并不受影响（因为随着时间的推移，π 是独立同分布的）。

下一步是求解 V^c 的均衡值。假定一个行业中形成了卡特尔，并且给定 $\pi \leqslant \phi(V^c, \eta)$，每家企业都获得共谋利润 π。卡特尔以概率 σ 被当局揭露，在这种情况下，每家企业都可以得到未来非共谋的收益 V^{nc} 再扣除罚款。如果卡特尔没有被抓获，则每家企业都获得未来时期的共谋收益 V^c。如果 $\pi > \phi(V^c, \eta)$，则卡特尔会解体，每家企业都获得 $\alpha\pi$ 的利润，未来收益为 V^{nc} 减去预期的罚金。下面的等式定义了隐含的共谋收益 $\psi(V^c)$，企业认为这个收益为 V^c。

$$\psi(V^c, \eta) = \int_{\underline{\pi}}^{\phi(V^c, \eta)} [\pi + \delta((1-\sigma)V^c + \sigma V^{nc}) - \sigma\gamma((1-\delta)V^c - \alpha\mu)]H'(\pi)\mathrm{d}\pi$$

$$+ \int_{\phi(V^c, \eta)}^{\bar{\pi}} [\alpha\pi + \delta V^{nc} - \sigma\gamma((1-\delta)V^c - \alpha\mu)] \times H'(\pi)\mathrm{d}\pi$$

ψ 的一个不动点是 V^c 的均衡值。其中一个是非共谋值，$V^c = \alpha\mu/(1-\delta)$。如果 σ 和 γ 足够低，那么也存在至少一个使得企业进行共谋的解，$V^c > \alpha\mu/(1-\delta)$。当存在多个解时，我们选择最大值解，并且由 $V^{c*}(\eta)$ 表示。当定罪的概率 σ 较高、罚款乘数 γ 较高，并且卡特尔本身较不稳定（即 η 的值较高）时，卡特尔状态的收益 $V^{c*}(\eta)$ 会较低。

给定 $V^{c*}(\eta)$，并结合（3.7）式，定义 $\phi^*(\eta)$ 为使得卡特尔稳定的最大可实现利润：$\phi^*(\eta) \equiv \phi(V^{c*}(\eta), \eta)$。变量 $\phi^*(\eta)$ 是卡特尔稳定性的量度，因为当且仅当 $\pi \leqslant \phi^*(\eta)$ 时，卡特尔才是稳定的。如果注意到卡特尔在任何时期都存活下来的概率是 $(1-\sigma)H(\phi^*(\eta))$，即卡特尔未被捕获时的联合事件的概率 $1-\sigma$ 和卡特尔没有内部解体的概率 $H(\phi^*(\eta))$ 的乘积，就更容易看清楚这一点。可以证明 $(1-\sigma)H(\phi^*(\eta))$ 随 η 递增，因此若卡特尔成员有较大的动力背叛共谋（η 较高），则卡特尔将在较低的潜在利润［即 $\phi^*(\eta)$ 较低］状态下解体，那么此时卡特尔的存续时间较短。

到这里，我们可以评估竞争政策对卡特尔平均存续时间的影响。从模型来看，σ 越大，意味着卡特尔因被抓获、定罪而解体的可能性越大。另外，较大的 σ 值以及较大的 γ 值也会对卡特尔存续时间产生间接影响。更严格的竞争政策降低了卡特尔组织的价值 $V^{c*}(\eta)$，这使得卡特尔变得不那么稳定。在模型中，这也体现在卡特尔解体时的利润 $\phi^*(\eta)$ 的下降中，$\phi^*(\eta)$ 随 σ 和 γ 递减。因此，即使竞争执法机构没有直接关停卡特尔，更严厉的政策也会使卡特尔更可能从内部瓦解。

到此为止，以上模型所描述的是卡特尔从诞生到解体的马尔科夫过程，我们可以从中得出卡特尔的稳态频率。对于 η 类型的一组行业，$C(\eta)$ 表示 η 类型行业中有卡特尔组织的比例。那么 η 类型行业中非卡特尔行业的比例被定义为：

$$
\begin{aligned}
1-C(\eta)=&[1-C(\eta)][(1-\kappa)+\kappa(1-H(\phi^*(\eta)))+\kappa H(\phi^*(\eta))\sigma] \\
&+C(\eta)[(1-H(\phi^*(\eta)))+H(\phi^*(\eta))\sigma]
\end{aligned} \tag{3.8}
$$

从定义式来看，这些行业中前一期没有卡特尔的 $1-C(\eta)$ 这一部分。在当期，其中一小部分 $(1-\kappa)$ 仍然没有卡特尔（因为它们没有机会组织卡特尔）。另外，$\kappa(1-H(\phi^*(\eta)))$ 比例的行业没有卡特尔，因为它们虽然有机会卡特尔化，但并不激励相容。最后，比例为 $\kappa H(\phi^*(\eta))\sigma$ 的行业没有卡特尔，因为它们虽然有机会卡特尔化并且这样做是激励相容的，但它们会被当局抓住并被定罪。另外，在前一个时期确实有卡特尔的 $C(\eta)$ 这一部分行业中，比例为 $(1-H(\phi^*(\eta)))$ 的卡特尔内部瓦解，比例为 $H(\phi^*(\eta))\sigma$ 的卡特尔没有解体但被当局定罪。在 (3.8) 式中解出 $C(\eta)$ 并对所有行业类型进行加总，卡特尔率（即根据平稳分布计算的所有卡特尔行业的比例）为：

$$
C=\int_{\underline{\eta}}^{\bar{\eta}} C(\eta)G'(\eta)\mathrm{d}\eta=\int_{\underline{\eta}}^{\bar{\eta}}\left[\frac{\kappa H(\phi^*(\eta))}{1-(1-\sigma-\kappa)H(\phi^*(\eta))}\right]G'(\eta)\mathrm{d}\eta
$$

如果罚款乘数 γ 不是太高，那么会有 $C>0$，并且 C 随 σ 递减。

这种建模方法的吸引人之处在于它明确地模拟了卡特尔组织从诞生到解体的过程，从而能够评估竞争政策对卡特尔存续时间和卡特尔产生频率的影响。更严厉的竞争政策倾向于通过阻止某些行业中的卡特尔形成（技术上说，就是扩大均衡路径不支持共谋的行业类型），以及减少另一些行业中卡特尔的存续时间〔通过降低

$\phi^*(\eta)$来降低该行业处于卡特尔状态的频率〕来降低卡特尔率。

Harrington 和 Chang（2009）的另一个成果是提供了一种评估政策效率的方法。可以说明的是，对卡特尔侦查和定罪的概率 σ 的上升将导致最不稳定的卡特尔（即 η 值最高的卡特尔）立即解体。这意味着幸存的卡特尔具有较低的 η 值，并因此可以存活较长时间。这相当于一个用来揭露卡特尔的样本池，因此在短期内，被揭露的卡特尔的平均存续时间随着 σ 的上升而上升。再从反方向思考这个结果，考虑一个旨在改变侦查和定罪可能性的政策，我们关心的问题是它会成功（σ 上升）、无效（σ 不变）还是适得其反（σ 下降）。政策到底实现了哪一种可能性，我们可以通过观察短期内揭露的卡特尔的存续时间来推断。如果平均卡特尔存续时间上升（或下降），那么这意味着该政策导致 σ 上升了（或下降了），因此可以得出结论，它将导致在新的稳定状态下形成更少（更多）的卡特尔。直观地说，如果新政策有效，那么它的实施将立即导致在边际上稳定的卡特尔解体（这些卡特尔由于在边际上稳定，所以存续时间往往相对较短）。这些卡特尔的解体意味着它们无法被揭露。由此可见，幸存的卡特尔是往往更稳定并因此存续时间更长的卡特尔。由于这些卡特尔组成了用以揭露卡特尔的样本池，所以被揭露的卡特尔的平均存续时间在短期内会随着竞争政策力度的上升而上升。

Harrington 和 Chang（2009，2015）的方法至少存在两个问题。第一，对卡特尔形成过程的建模比较缺乏经济上的直觉。行业卡特尔化的可能性是外生的，与形成卡特尔的任何动机无关。[1] 第二，卡特尔解体发生在囚徒困境的背景下，因为企业之间无法调整它们共谋的程度，因此，共谋在模型中只存在两种结果——稳定或不稳定。如果阶段博弈是具有无限行动空间的产量博弈或差异化产品的价格博弈，那么面对严格的需求环境和更高的背叛动机，企业可以减少共谋的程度而不是完全终止共谋。由于卡特尔解体是一种真实的现象，建模的难点在于当博弈的行动空间大大扩展时，如何引入正的解体概率。[2]

---

[1] 关于此问题的一些进展，参见 Paha（2013）。

[2] 伯特兰价格博弈可能会"崩溃"（在某种意义上没有共谋均衡），但实质上，它是囚徒困境的一个特例，其中，$\pi^d = n\pi^c$，$\pi^n = 0$。

值得一提的是，Katsoulacos，Motchenkova 和 Ulph（2015a）在某些方面与 Harrington 和 Chang（2009，2015）有关。它同样考虑了存在卡特尔诞生和解体的一个行业集合。然而，由于它没有针对随机的市场条件建模，自内部瓦解的卡特尔在它们的模型中就不能成为一种均衡。但是，它们的模型允许卡特尔进行整改，前提是卡特尔特定的解体方式，这在一定程度上丰富了政策分析的模型，比如，卡特尔是因为被当局抓住并定罪而解体，还是因为一个成员企业告密而解体（尽管只有前一种能够发生在均衡路径上）。该模型还引入了另一种竞争政策工具：当局的处罚导致卡特尔实质上关停的概率（而不是常规假设处罚使共谋中断）。这篇文献探讨了旨在阻止短期累犯的竞争政策（针对卡特尔在定罪后继续经营的可能性）以及旨在阻止长期累犯的竞争政策（针对竞争性行业卡特尔化的可能性），为评估竞争政策的福利影响提供了丰富而有价值的研究框架。

3.2 卡特尔的参与决策

可以观察到的是，相当多的卡特尔组织中并非有行业中的所有企业参与[1]，但很少有研究考察哪些企业选择参与卡特尔（以及卡特尔和非卡特尔成员的互动），研究关于卡特尔规模和参与行为的竞争政策的文献就更少了。在这里，我们回顾一下 Bos 和 Harrington（2010，2015）采用的方法。[2]

考虑一个无限期重复的产量受限的伯特兰价格博弈，企业之间可以进行完美的监控（即可以直接观察到对手的行动）。除了产能之外，企业之间是完全相同的。设有 n 家企业提供具有相同不变边际成本 c 的同质产品。企业 j 的产能用 k_j 表示并且是固定的，$K \equiv \sum_{j=1}^{n} k_j$ 为行业产能，$K_\Gamma \equiv \sum_{j \in \Gamma} k_j$ 是卡特尔组织 $\Gamma \subseteq \{1, 2, \cdots, n\}$ 的总产量。给定市场需求 $D(p)$，$D(p) - (K - K_\Gamma)$ 是卡特尔的需求。

我们关注的是均衡策略的特征，并给定如下前提：（1）非卡特尔成员的过去行

---

[1] 相关例子可以在 Harrington（2006）、Connor（2008），以及 Marshall 和 Marx（2012）中找到。

[2] 另见 Bartolini 和 Zazzaro（2011）以及 Kalb（2016）。

为对卡特尔成员的当前行为没有影响，（2）卡特尔成员对共谋价格的任何偏离都会导致之后无限期地回归静态纳什均衡博弈的结果，（3）卡特尔成员设定共同价格并按产能分配需求。特别值得注意的是，前提（1）意味着卡特尔成员不会因为非卡特尔成员销量太多而对其进行排他性活动。因此，每个非卡特尔成员的定价行为都是其在博弈中的静态最优反应，即降低共谋定价并尽力全产能生产。将排他性活动纳入其中是值得研究的方向。

卡特尔的最优化问题为，在满足均衡条件的前提下，如何选择共同价格以最大化每个卡特尔成员的利润。

$$p^*(\Gamma)=\max_{p}\left(\frac{1}{1-\delta}\right)(p-c)[D(p)-(K-K_{\Gamma})]\left(\frac{k_i}{K_{\Gamma}}\right) \tag{3.9}$$

约束条件为：

$$\left(\frac{1}{1-\delta}\right)(p-c)[D(p)-(K-K_r)]\left(\frac{k_i}{K_{\Gamma}}\right)\geqslant(p-c)k_i \tag{3.10}$$

如目标函数（3.9）式所示，它与单个企业的产能成正比，所有卡特尔成员对定价有相同的偏好。（3.10）式中所表示的均衡条件对所有企业都是一样的。

对于卡特尔成员 $i\in\Gamma$，其均衡的共谋定价为：

$$k_iV^c(\Gamma)\equiv k_i\left(\frac{1}{1-\delta}\right)(p^*(\Gamma)-c)[D(p^*(\Gamma))-(K-K_{\Gamma})]\left(\frac{1}{K_{\Gamma}}\right)$$

在均衡状态下，卡特尔 Γ 的成员在 $p^*(\Gamma)$ 处定价，并且按比例将产量控制在产能以下。而非卡特尔成员的价格低于 $p^*(\Gamma)$ 并且全产能生产。可以说明的是，卡特尔组织控制的产能越多，卡特尔定价将越高，即：如果 $K''_{\Gamma}>K'_{\Gamma}$，那么 $p^*(\Gamma'')\geqslant p^*(\Gamma')$。

我们关注的焦点在于参与意义上稳定的卡特尔。如果满足以下条件，则我们说卡特尔是稳定的。（1）所有卡特尔成员都有动力留在卡特尔组织中（即内部稳定性），（2）所有非卡特尔成员都倾向于留在卡特尔之外（即外部稳定性）。在描述稳定卡特尔的特征时，首先要注意卡特尔成员总是希望非卡特尔成员加入。它们认为把企业留在卡特尔内部（并限制其产量低于其产能）比将其放在外部（全产能生产）

要好。正式地，如果卡特尔更具包容性，那么下述条件成立时，原始卡特尔成员的福利会提升。

$$\text{如果 } \Gamma' \subset \Gamma'', \text{ 则 } V^c(\Gamma'') > V^c(\Gamma') \Rightarrow k_i V^c(\Gamma'') > k_i V^c(\Gamma'), \forall i \in \Gamma'$$

与此相对，非卡特尔成员也要考虑是否加入卡特尔。加入卡特尔有一个好处，它会导致更高的共谋价格，因为卡特尔控制的产能更高了。然而，该企业必须减少其供给，因为现在它不得不将产量控制在产能以下。

有关谁可能成为稳定的卡特尔成员，此处可以提供一些见解。首先，拥有更高产能的企业更倾向于加入卡特尔，因为加入之后带来的价格上涨产生的收益能超过产量下降造成的损失。其次，如果一家企业规模足够小，它将不会加入卡特尔，因为价格上涨很小（因为卡特尔的产能只扩大了一点点），它必须减少的产量就显得很大了。

Bos 和 Harrington（2015）通过引入竞争法及其执法来强化这种分析框架。在卡特尔 Γ 经营的每一期中，它都有 $\sigma(\Gamma)$ 的概率需要在期末支付罚款。假设卡特尔拥有的成员越多，它越容易被揭露和定罪，即若有 $\Gamma' \subset \Gamma''$，那么 $\sigma(\Gamma') < \sigma(\Gamma'')$。在定罪的情况下，针对企业 i 的罚金为 $\gamma k_i V^c(\Gamma)$（假设与共谋价格成比例）。综上所述，企业 $i \in \Gamma$ 的预期罚款是 $\sigma(\Gamma)\gamma k_i V^c(\Gamma)$。

竞争法及竞争执法已经表现出会破坏卡特尔的内部稳定性，并可以减少最大的稳定卡特尔的规模。新企业的参与使卡特尔控制了更多的产能，共谋价值和共谋定价随之上升。然而，成员数目的增加使得卡特尔更有可能获罪，从而提高了期望的罚金数额。因此，当其中一个成员离开时，留在卡特尔中的成员会得到价值的提升（特别是当现有企业规模很小时）。因此，卡特尔不会欢迎所有企业加入。这股力量往往会减小最大的稳定卡特尔的规模。与此同时，竞争执法通过破坏卡特尔的内部稳定性来扩大最小的稳定卡特尔的规模。预期的罚金会降低共谋价值，从而收紧均衡条件，因此可能导致部分卡特尔失去维持共谋价格的能力。然而要想增强共谋价格的维持能力，可能需要使卡特尔更具包容性，让更多的企业参与进来。竞争政策使最小的稳定卡特尔更具包容性，并使最大的稳定卡特尔更具排他性。总而言之，竞争政策看起来将卡特尔的规模挤压到了中等程度。

3.3 共谋价格

竞争法以及执法将如何影响共谋结果？在实践中，共谋结果通常意味着一个共同价格和市场划分。但是，已有文献几乎全都关注对称企业情形，因而价格才是唯一值得探讨的问题（因为各家企业拥有相等的市场份额）。

当我们思考竞争政策对价格的影响时，在更宽泛的问题背景下进行讨论更加合适：什么因素制约着共谋价格的实现路径？卡特尔可能不会设定更高的价格，因为太高的价格并不稳定：也就是说，均衡条件被限定为当前价格。与此相关，企业可能并不确定怎样的价格是稳定的（例如，关于更高价格水平上企业的需求函数存在不确定性）。[①] 或者，更高的价格虽然稳定，却是无利可图的。可能的原因是，当前价格是垄断价格（因而共谋就是利润最大化的），（行业）买家可能通过推迟购买抵制更高的价格，更高的价格（或更大的价格变动）会使卡特尔更可能被揭露。

后续分析中的关注点是：当价格影响侦查（和定罪）的可能性以及定罪情况下的罚金数额时，竞争政策将如何影响价格。一种建模方式是通过纳入定罪和罚金，修改静态的联合利润最大化模型（Block，Nold 和 Sidak，1981）。假定所有企业均定价为 p，则代表性企业的利润为 $\pi(p)$，$\sigma(p)$ 是侦查和定罪的可能性。一旦定罪，每家企业将被处以罚金 $F(p)$。假设 $\sigma(p)$ 和 $F(p)$ 关于价格是可导和递增的，因此更高的价格将使共谋更容易被揭露，并导致更高的罚金（可能对应的情形是存在客户损害和多种形式的行政处罚）。

卡特尔选择价格，以最大化利润与预期罚金之差：

$$\max_{p} \pi(p) - \sigma(p)F(p)$$

定义 p^m 为无竞争政策情形下卡特尔的最优定价，在一般的凹函数假设下，其由 $\pi'(p^m) = 0$ 给定。如果 $\sigma'(p^m) > 0$ 和 $F'(p^m) \geqslant 0$，则一阶条件意味着竞争政策

---

① 归因于卡特尔稳定性的不确定性共谋定价动态的理论与经验分析参见 Chilet（2016）。

将引导卡特尔设定更低的价格：

$$\pi'(p^*)-\sigma'(p^*)F-\sigma(p^*)F'(p^*)=0\Rightarrow p^*<p^m$$

略微调低卡特尔价格使其低于 p^m，并不会对利润产生一阶效应，因为 $\pi'(p^m)=0$。但是，预期罚金会有一阶减少，因为 $\sigma'(p^m)F(p^m)-\sigma(p^m)F'(p^m)>0$。

与此不同，很多已有文献使用动态方法来刻画竞争法及竞争执法存在时的共谋价格。第一类模型通过假定共谋有被定罪和被处以罚金的可能性（两者要么是固定的，要么仅取决于当前价格），来拓展无限次重复寡头博弈。3.3.1 节讨论支付罚金的可能性和罚金数额均固定情形下的模型。第二类模型假定支付罚金的可能性和罚金数额取决于当前和过去的价格。通过考虑过去价格的影响，这类模型将不再是重复的，因为存在一些状态变量。3.3.2 节和 3.3.3 节对这种建模方式进行了梳理。

□ 3.3.1 无限次重复博弈

考虑一个寡头博弈，其中 n 家企业提供对称、可分的产品，且假设每家企业的需求函数关于所有企业的价格连续可导。令 $\pi_i(p_1,\cdots,p_n)$ 为企业 i 的利润函数，该函数具有关于自身价格的拟凹性和关于其他企业价格递增等一般特性。如果各企业共谋，则每期被侦查和定罪的概率为 σ，其相应将给每家企业带来固定的罚金 F。在定罪情形中，假设卡特尔永久关闭和持续存在的概率分别为 ζ 和 $1-\zeta$。但是，如果有一家企业选择背叛，则卡特尔将永久解体，如此将产生一个阶段博弈纳什均衡。[①]

在指定的均衡条件下，令 $\pi^d(p)$ 表示当其他企业定价为 p 时某家企业的最大化利润（关于其自身价格）。对于共谋价格 p 而言，均衡条件为：

$$\pi(p)-\sigma F+\delta[(1-\sigma)V^c+\sigma((1-\zeta)V^c+\zeta V^n)]\geqslant\pi^d(p)-\sigma F+\delta V^n$$

或者，

$$\pi(p)+\delta[(1-\sigma)V^c+\sigma((1-\zeta)V^c+\zeta V^n)]\geqslant\pi^d(p)+\delta V^n \tag{3.11}$$

---

① 在将情境拓展到囚徒困境之外后，就存在与背离有关的连续均衡。简单起见，我们仅关注严厉惩罚，尽管所讨论的结果对均衡选择而言通常是稳健的。

其中，

$$V^c = \frac{\pi(p) - \sigma F + \delta\sigma\zeta V^n}{1 - \delta(1-\sigma\zeta)} \qquad (3.12)$$

V^c 为共谋价格，且 $V^n \equiv \pi^n/(1-\delta)$ 是非共谋价格。假设卡特尔选择价格以最大化受均衡条件 [（3.11）式] 约束的共谋价格 [（3.12）式]。给定预期罚金与价格无关，则最优共谋价格将最大化受（3.11）式约束的共谋利润 $\pi(p)$。如果均衡条件不变，则最优共谋价格是使（3.11）式成立的最高价格。

当竞争政策更加激进时（其表现为更高的 σ 或更高的 F），均衡条件（3.11）式将趋紧。如果 σ 或 F 增大，则（3.11）式的右边不受影响，但其左边将减小。

$$\frac{\partial LHS}{\partial \sigma} = -\delta\zeta(V^c - V^n) + \delta(1-\zeta\sigma)\frac{\partial V^c}{\partial \sigma} < 0$$

$$\frac{\partial LHS}{\partial F} = \delta(1-\zeta\sigma)\frac{\partial V^c}{\partial F} < 0$$

更高的罚金 F 会降低共谋价格，即减少设定共谋价格而非欺骗时的所得收益。更高的支付罚金的概率 σ 同样会降低共谋价格，而且会提高转换至企业相互竞争状态的可能性。如果（3.11）式一开始就是紧约束，则其对于更高取值的政策参数，将不再成立。如果 $\pi^d(p) - \pi(p)$（即选择欺骗时的当前利润所得）关于共谋价格递减（在标准假设下成立），则必须降低共谋价格以满足（3.11）式。因此，提高支付罚金的概率或者提高罚金将迫使卡特尔设定更低的价格，以维持共谋安排的内部稳定。

在对比合法卡特尔情形（即 $\sigma=0$）与非法卡特尔情形（即 $\sigma>0$）时，前期分析证明：给定一个卡特尔形成，当卡特尔非法时价格以及相应的成本加价（即价格比成本高出多少）相对更低。尽管这说明在卡特尔非法的管辖区域，共谋的成本加价较低，但也可能出现另一种情况：一个预期仅能支持低成本加价的潜在卡特尔可能会发现组成卡特尔是无利可图的，因为增量利润可能会被预期罚金抵消。这表明，我们不应当关注低成本加价的非法卡特尔。

Bos 等（2016）得到了上述结论。为加以证明，我们使用之前的模型，且为方便起见，假设 $\zeta = 1$，即定罪将导致卡特尔永久关闭。如果卡特尔是合法的（即不存在竞争法），则均衡条件为：

$$\frac{\pi(p^c)}{1-\delta} \geqslant \pi^d(p^c) + \frac{\delta\pi^n}{1-\delta} \Rightarrow \delta \geqslant \frac{\pi^d(p^c) - \pi(p^c)}{\pi^d(p^c) - \pi^n} \tag{3.13}$$

定义 $p^n \in \arg\max \pi^d(p^n)$ 为对称的纳什均衡价格。可以证明，对于任意 $\delta \in (0, 1)$，（3.13）式成立，因为共谋价格无限接近非共谋价格，即 $p^c \to p^n$。因此，原则上，合法卡特尔可以有非常低的成本加价。[①] 现在，考虑非法卡特尔情形。均衡条件为：

$$\pi(p^c) - \sigma F + \delta\left[(1-\sigma)V^c + \sigma V^n\right] \geqslant \pi^d(p^c) - \sigma F + \delta V^n$$

其中，

$$V^c = \frac{\pi(p^c) - \sigma F + \delta\sigma V^n}{1 - \delta(1-\sigma)}$$

很容易证明，这一均衡条件不成立，因为 $p^c \to p^N$。给定：

$$\lim_{p^c \to p^N} V^c = \frac{[1 - \delta(1-\sigma)]V^n - \sigma F}{1 - \delta(1-\sigma)} < V^n$$

则共谋的利润将低于竞争，这意味着共谋是不稳定的。因此，合法卡特尔可以在低成本加价情况下存在（但这一成本加价仍然超过竞争性成本加价），但是非法卡特尔无法存续。[②] 在上文中我们已经证明，如果合法卡特尔拥有符合均衡条件（且属于强约束）的最大化成本加价，则非法卡特尔将无法满足均衡条件，这意味着最大化成本加价偏低。于是，合法卡特尔的成本加价高于非法卡特尔。总而言之，我们预测：竞争政策将压缩共谋成本加价的分布，因为它降低了低成本加价和高成本加价

---

① 激励企业低加价的一种方法是对模型进行强化，以便在 $\tilde{p} > p^n$ 的销售市场之外有一个完美的替代品。这意味着共谋价格不能超过 $\tilde{p}$（如果确实如此，则所有消费者都会转向购买替代商品）。对于 $\tilde{p}$ 接近 p^n 的市场，共谋价格为 $\tilde{p}$，加价幅度较低。

② 当然，这是一种期望，如果预期的加价很小，就不会形成非法卡特尔。如果存在关于"何种成本加价都是稳定的"的不确定性，则所实现的成本加价会偏低。

的出现频率。[1] Bos 等（2016）为这一预测提供了一些经验证据。

到目前为止，我们已经证明：竞争法及竞争执法具有减少共谋可能性的预期影响。但是，实际上这也可能使得共谋更加容易。上述分析是以竞争政策为基础，竞争政策使得共谋收益的减幅大于背叛收益的减幅，因而会收紧均衡条件并要求降低共谋价格。Cyrenne（1999）证明，竞争政策可以有效降低惩罚收益，导致背叛收益的降幅大于共谋收益的降幅（其中，均衡条件被放松，因而允许出现更高的共谋价格）。也就是说，当存在竞争法及竞争执法时，通过欺骗所得的收益将被充分削减，从而使得共谋更加稳定。

在证明这一发现时，Cyrenne（1999）修改了 Porter（1983）、Green 和 Porter（1984）的不完美监督设定。然而，在完美监督设定情境中，这一直觉更容易得到揭示。现在，我们拓展上述模型，即假设在以下两种情形中，共谋被揭露和定罪的概率存在差异：（1）所有企业均收取共谋价格（定义其概率为 σ^{CO}），（2）一家企业削减共谋价格将导致所有企业回归竞争性定价（概率为 σ^{dev}）。此时，均衡条件为：

$$\pi(p) - \sigma^{CO}F + \delta\left[(1-\sigma^{CO})V^c + \sigma^{CO}V^n\right] \geqslant \pi^d(p) - \sigma^{dev}F + \delta V^n \qquad (3.14)$$

其中，

$$V^c = \frac{\pi(p) - \sigma^{CO}F + \delta\sigma^{CO}V^n}{1 - \delta(1-\sigma^{CO})}$$

通过降低 V^c 和增加预期罚金 $\sigma^{CO}F$，更高的 σ^{CO} 将降低（3.14）式的左边。而通过增加预期罚金 $\sigma^{dev}F$，更高的 σ^{dev} 将降低（3.14）式的右边。

假设存在背叛时侦查更容易成功，即 $\sigma^{dev} > \sigma^{CO}$。如果 σ^{dev} 充分大于 σ^{CO}，则（3.14）式右边的降幅将大于左边（相对于不存在竞争法及竞争执法而言，即 $\sigma^{dev} = 0 = \sigma^{CO}$）。此时，均衡条件被放松。如果固定 $\sigma^{dev} > 0$ 且令 $\sigma^{CO} \to 0$，则均衡条件变为：

$$\pi(p) + \frac{\delta\pi(p)}{1-\delta} \geqslant \pi^d(p) - \sigma^{dev}F + \delta V^n$$

---

[1] 在 Jensen 和 Sørgard（2014）中有一个相关的发现，其中显示惩罚倾向于使激励相容性约束（决定共谋价格）只对收取较大程度过高定价的卡特尔起作用，参与约束（确定共谋是否有利可图）只能约束收取较低程度过高定价的卡特尔。

其中，上式左边与不存在竞争法情形时相同，但右边相对较低，因此，存在竞争法及竞争执法时共谋变得更加容易，结果是非法卡特尔可以维持比合法卡特尔更高的价格。

这一结果可能是有问题的，因为假设 $\sigma^{dev} > \sigma^{CO}$ 的背后逻辑为，更可能触发侦查的是由背叛引发的价格战，而不是更具稳定性的共谋价格。尽管这似乎有理（随后我们将明确探讨价格变动如何影响侦查的可能性），但该模型忽略了一个事实：卡特尔必须将价格从竞争水平提高至有更高稳定性的共谋价格，这同样可能强化侦查并最终降低共谋收益。抛开这一批评，Cyrenne（1999）的价值在于率先讨论价格变动如何影响侦查（价格变动比价格水平更可能影响侦查），且注意到这可能影响均衡条件以及相应的共谋价格。

在相关研究中，McCutcheon（1997）发现当存在竞争法时，更严厉的惩罚会变得更加可信。威胁施加非常严厉的惩罚（如永不共谋或在较长时期内低于成本定价）的问题是，在选择背叛后卡特尔成员会试图通过再谈判来避免这种自残式损害。这种再谈判的前景会约束可信的惩罚集合，并最终限制可维持共谋价格的实际水平。McCutcheon（1997）证明，如果能够提高卡特尔成员之间会面的成本（如提高被揭露的可能性），则竞争政策可以打消企业通过再谈判来避免严厉惩罚的积极性，因而可以使得这些惩罚可信。但是，正如对 Cyrenne（1999）的批评一样，竞争政策对组成卡特尔过程中最初会面的影响仍然被忽视，而这在实践中是至关重要的。从好的方面来说，这一分析强调了将会面正式纳入模型且考虑它们如何受竞争政策影响的重要性。[1]

□ 3.3.2 具有状态变量的动态博弈：外生侦查技术

到目前为止，所回顾的共谋定价模型用一种相对限制性的方式纳入了竞争法及竞争执法，即假设预期罚金要么固定，要么最多取决于被揭露期间卡特尔制定的共谋价格。事实上，对卡特尔征收的罚金是累积的，因为它取决于共谋持续时间，且

---

[1] Chen 和 Harrington（2007）以及 Bos，Peeters 和 Pot（2013）展示了竞争政策如何通过促进共谋行为产生反常效应。

可能是过去的过高定价。实践的这一特征将会影响均衡条件。因为卡特尔活跃于较长的时间跨度内，如果被抓获并定罪，罚金会上升，这将影响卡特尔的稳定性。这些模型同样忽视了实践中的另一个特征，即被揭露与否不仅取决于当前价格，而且取决于历史价格。例如，如果出现一系列的价格变动，则买家可能变得多疑。在本节中，所回顾的研究将考虑预期罚金（包括定罪的概率和罚金数额）受卡特尔历史因素的影响。对现实的这一让步引入了技术复杂性，因为此时博弈不再是重复的。[1]

考虑无限期横向差异化产品价格博弈（如前一节所述）。[2] 如果卡特尔在时期 t 被揭露，则每家企业支付罚金 X^t，且之后获得非共谋利润 π^n。罚金 X^t 根据函数 $X^t = \beta X^{t-1} + \gamma x(p^t)$ 随时间发生变化，其中，$x(p^t) > 0$ 且非递减，$\gamma > 0$，$1 - \beta \in (0, 1)$ 为折旧率。如果罚金是客户损害，则 $x(p^t) = (p^t - p^{bf}) D(p^t)$。其中，$D(p)$ 是所有共谋企业均定价为 p 时某家企业的需求函数，而 p^{bf} 是其他价格（典型代表是静态纳什均衡价格）。或者，$x(p^t)$ 可以等于某个常数，其中一些情形是罚金仅取决于持续时间。当卡特尔在时期 t 开始设定价格时，它将知道状态变量 X^{t-1}，即每家企业的累积罚金。

为允许历史价格影响侦查的概率，假设只有当前价格和前一期价格十分重要。令 $\phi(p^{t-1}, p^t)$ 表示时期 t 卡特尔被发觉（以及定罪）的概率，其中，p^t 是时期 t 的企业价格向量，而 p^{t-1} 是时期 $t-1$ 的企业价格向量。假定买家期望有一个稳定的环境，当出现以下情况时，它们更可能变得多疑。

一是发生价格变动，即对于所有 $\underline{p}'$、$\underline{p}''$，$\phi(\underline{p}', \underline{p}') \leqslant \phi(\underline{p}'', \underline{p}')$，且 $\phi(\underline{p}', \underline{p}') \leqslant \phi(\underline{p}', \underline{p}'')$。

二是价格增幅变大，即如果 $\underline{p}'' \geqslant \underline{p}' \geqslant \underline{p}^0$（分量），则 $\phi(\underline{p}'', \underline{p}^0) \geqslant \phi(\underline{p}', \underline{p}^0)$。

这些假设非常温和。但是，要获得一些预期结果，就需要一个更强的假设，即存在一个连续可微的函数 $\hat{\phi}$ 和一个针对价格向量的统计量 g，因而有：

$$\phi(\underline{p}^t, \underline{p}^{t-1}) = \hat{\phi}(g(\underline{p}^t) - g(\underline{p}^{t-1}))$$

---

[1] 关于考察存在起诉威胁时共谋定价动态性的更早文献参见 Levy 和 Rodriguez（1987）。

[2] 后续研究基于 Harrington（2003，2004a，2005）。

也就是说，侦查的概率取决于统计量的变动。假定有如下一般性质。第一，如果所有企业收取相同价格，则统计量就是价格：$g(p, \cdots, p) = p$。第二，更高的价格向量会使统计量增加，即：如果 $\underline{p}'' \leqslant \underline{p}'$（分量），则 $g(\underline{p}'') \leqslant g(\underline{p}')$。平均价格、加权平均价格和中间价格均满足这些性质。第三，假设在价格递增时 $\hat{\phi}$ 关于统计量是非递减的。即如果 $x \geqslant y$，则 $\hat{\phi}(x) \geqslant \hat{\phi}(y)$，且当统计量不变时有最小值：$\hat{\phi}(x) \geqslant \hat{\phi}(0)$，$\forall x$。一种特殊情形是当（企业间）平均价格不变时侦查概率最小，而当平均价格有更大增长时侦查概率相对更高。在这些假设下，侦查不仅取决于价格变动，而且受价格水平影响。

沿着平衡路径，状态变量包括累积罚金 X^{t-1} 和前一时期卡特尔的价格 p^{t-1}。[1]这一设定是完美监督的一种。如果任意一家企业偏离共谋价格路径，则后续均衡就是马尔科夫完美均衡（简称 MPE）。给定与侦查有关的动态，即使有一家企业选择欺骗，最终的定价问题仍然是动态的，因为后续价格路径能够影响侦查的可能性。细节详见 Harrington（2004a），此处为方便起见，仅用 V^{mpe} 表示企业的 MPE 收益。

卡特尔的问题可以被视为如下受约束的动态规划问题，受制于使用一种 MPE 惩罚，企业实现就预期收益而言的最优对称子博弈完美均衡。令 $V^c(p^{t-1}, X^{t-1})$ 表示企业共谋时一家企业的（均衡）价值函数，它由下式递归地给出定义：

$$V^c(p^{t-1}, X^{t-1}) = \max_p \pi(p) + \delta\phi(p, p^{t-1}) \times \left[(\pi^n / [1-\delta]) - \beta X^{t-1} - \gamma x(p) \right]$$
$$+ \delta[1 - \phi(p, p^{t-1})] V^c(p, \beta X^{t-1} + \gamma x(p)) \tag{3.15}$$

约束条件为：

$$\pi(p) + \delta\phi(p, p^{t-1}) \left[(\pi^n / [1-\delta]) - \beta X^{t-1} - \gamma x(p) \right]$$
$$+ \delta[1 - \phi(p, p^{t-1})] V^c(p, \beta X^{t-1} + \gamma x(p))$$
$$\geqslant \max_{p_i} \pi(p | p_i) + \delta\phi(p | p_i, p^{t-1}) \left[(\pi^n / [1-\delta]) - \beta X^{t-1} \right]$$
$$+ \delta[1 - \phi(p | p_i, p^{t-1})] V^{mpe}(p | p_i, \beta X^{t-1}) \tag{3.16}$$

卡特尔通过考虑价格对当前利润 $\pi(p)$、侦查和定罪的可能性 $\phi(p, p^{t-1})$、罚金

共谋理论和竞争政策

---

[1] 在均衡状态下，所有企业都收取相同的价格，因此汇总统计量是共同价格。

$\beta X^{t-1} + \gamma x(p)$、未来价值 $V^c(p, \beta X^{t-1} + \gamma x(p))$（通过其对状态变量的作用）的影响选择相应的价格。在进行决策时，它将认识到：价格必须是激励相容的，这要求设定共谋价格所得的收益至少不小于偏离共谋价格所得的收益，具体如（3.16）式所述。在刻画（3.16）式中的偏离收益时，企业 i 将考虑其对当前利润 $\pi(p \mid p_i)$（其中，$p \mid p_i$ 表示企业 i 定价为 p_i、其他所有企业均定价为 p 时的价格向量）以及被侦查和定罪的概率 $\phi(p \mid p_i, p^{t-1})$ 的影响。后者将引致收益为 $(\pi^n / [1-\delta]) - \beta X^{t-1}$。此时，为维持共同罚金状态变量，在发生偏离的时期不会有罚金。如果侦查不会立即发生，则延续收益 $V^{mpe}(p \mid p_i, \beta X^{t-1})$，即与这些状态变量相对应的 MPE 收益。

这一模型的优势在于可以获得对共谋价格完整路径的预测，而标准理论只能提供对稳态的预测。尽管如此，我们首先从刻画均衡条件（3.16）式不具有约束力时的稳态共谋价格（此时，卡特尔尚未被揭露）开始。令 p^* 表示稳态价格，它由下式给出：

$$\pi'(p^*) - \frac{\delta \hat{\phi}(0) \gamma x'(p^*)}{1 - \delta \beta(1 - \hat{\phi}(0))} = 0 \qquad (3.17)$$

在稳态中，随时间推移价格变动为零，因而侦查概率为 $\hat{\phi}(0)$。考虑价格从 p^* 发生的一次性边际变动的影响。第一，当前利润发生边际变动，即 $\pi'(p^*)$。第二，累积罚金发生边际变动，即 $x'(p^*)$，这会引致预期现值损失 $[\delta \hat{\phi}(0) / (1 - \delta \beta [1 - \hat{\phi}(0)])] \gamma x'(p^*)$（其中考虑了侦查以及罚金折旧的可能性）。第三，与前期所缴罚金相关的预期罚金发生变动，即 $\hat{\phi}'(0) [\gamma x(p^*) / (1-\beta)]$，但该式等于 0，因为 $\hat{\phi}'(0) = 0$（$\hat{\phi}$ 最小化为 0 且可微）。

如（3.17）式所述，稳态卡特尔价格最终使得更高价格下的利润增加等于更高价格下罚金边际增加的预期现值。注意，如果罚金对价格不敏感 [即 $x'(p) = 0$]，则（3.17）式左边第二部分等于 0，所以有 $\pi'(p^*) = 0$，这意味着在长期卡特尔收取不受限制的联合利润最大化价格。例如，如果罚金仅取决于存续时间 [即对于 $f > 0$，有 $x(p) = f$]，则竞争政策可能在短期限制共谋价格（在下文中，我们将发现确实如此），但在长期不能施加约束。导致这一结果的原因是：侦查概率对较小的价格变动不敏感，于是在稳态中，略微提高价格对预期罚金没有一阶效应。因此，只要低于联合利润最大化价格，卡特尔就会提高价格。但是，提高价格只可能逐步实现，因为太大的价格变动将引致更高的侦查概率。相应地，竞争政策会放慢共谋价格向垄断价格收敛的速度。

现在，我们回到对价格动态的考察。如果（3.16）式中的均衡条件没有约束力，则可以证明均衡价格路径随时间推移而递增。其原因非常明显。侦查概率关于价格变动递增，因此卡特尔会逐渐地将价格提高至稳态，其中存在更低的当前利润与更低的侦查概率之间的权衡。尽管这是模型假设的直观含义，但它对于得到"产生一个过渡的价格路径"这一理论来说仍然是有用的，因为许多真实的卡特尔具有这种价格动态。卡特尔继续共谋且在更高的价格上实现共谋，累积罚金 X^t 增加，这使得卡特尔对于不引发侦查更加谨慎。因为（与保持价格不变相比）降低价格时触发侦查的概率更高，这一动态进一步解释了为何在共谋价格路径的任意一点价格都不会降低。如果这些均衡条件有约束力，则因为罚金是累积的，约束条件会进一步趋紧。其原因是，关闭卡特尔降低了支付罚金的可能性，同时也强化了选择背叛的激励。在该情形中，前一期价格可能会因为更高的累积罚金而不可持续，这迫使卡特尔降低价格以维持卡特尔的稳定性。这种情况是真实的，与保持价格相比，降低价格意味着卡特尔更可能被揭露。因此，非法卡特尔的价格路径最初会提高，随后逐步降低并回归至稳态水平。

最后，我们探讨受（3.16）式约束时贴现因子对共谋价格路径的影响。在不存在竞争法及竞争执法的标准共谋模型中，当均衡条件有约束时，共谋价格关于 δ 递增，因为越有耐心的企业越不愿意选择欺骗。相反，它们倾向于维持未来的共谋利润而不是通过欺骗来增加当前利润。这一作用在这里非常突出，但时间偏好也是重要因素之一。卡特尔面临着一个跨期权衡，即当期的更高价格会提高当前利润，但会通过增加侦查概率和罚金数额来减少未来利润。因为卡特尔成员变得更有耐心，它们并不偏好于迅速提高共谋价格。如图 3-1 所示，更高的贴现因子最初会降低共谋价格路径，但同样会提高稳态价格（因为常见的原因），而这意味着最终有更高的价格路径。

Harrington（2004a）提供了对上述结论的数值证明，而 Houba，Motchenkova

和 Wen（2012）在一个更简单的模型中证明了一个相关结论。他们证明，随着 δ 趋于 1，最优卡特尔价格趋于静态纳什均衡价格。他们的模型是无限期重复伯特兰价格博弈，但是侦查概率是关于同时期价格的线性函数，且罚金与同时期利润成正比。因此，模型中没有状态变量。在定罪情形中，卡特尔以 ζ 的概率永久关闭，以 $1-\zeta$ 的概率持续运作（此时，卡特尔未来会再次被定罪）。在严厉惩罚假设下，可以刻画最优对称均衡价格。

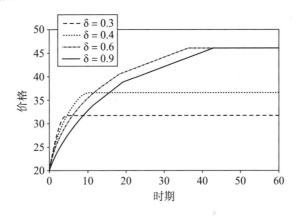

图 3-1 贴现因子对均衡价格路径的影响

资料来源：Harrington（2004a）。

如果 $\zeta=0$，则可以得到标准结论，即共谋价格关于 δ（弱）递增。但是，如果 $\zeta>0$，则随着 δ 趋于 1，共谋价格将收敛于静态纳什均衡价格。当 δ 较低时，将不存在共谋均衡。当 δ 取中间值时，存在共谋均衡，且价格被设定在满足均衡条件的最高水平。当 δ 较高时，均衡条件没有约束力，此时卡特尔将价格设定为不受约束的联合利润最大化价格。因为企业更加有耐心，它们变得更加关注是否被侦查（以及永久关闭），因此企业会避免价格过高，因为侦查概率关于价格递增。因为 $\delta \to 1$，它们愿意设定任意接近于竞争性价格的价格，以确保长期但低水平的共谋利润。

□ 3.3.3 具有状态变量的动态博弈：内生侦查技术

尽管这些动态模型是有用的改进，但是问题在于对价格路径如何影响侦查的刻画还不充分。这仍然属于黑箱法，其中明确规定了一个外生函数，但侦查概率取决于价格路径（例如同时期价格水平或价格变动）。一种更基础的方法是将一位买家或一家认证机构模型化为一位博弈参与者，并刻画如下均衡：买家或认证机构试图决定卡特尔是否存在，而卡特尔则试图避免被发觉。尽管这一方法已经在静态情境下被使用（4.2节将对此进行考察），但在动态情境中它构成了一个艰难的技术挑战。

Harrington 和 Chen（2006）沿着这个方向进行了初步探索。与其说买家被刻画为一个寻求最优的参与者，不如说其被视为经验主义者。当买家变得多疑时，卡特尔会被发觉。假设当观察到不太可能基于历史价格的价格路径时，这一情形就会出现。其中的思路是，反常的价格路径触发侦查，而断定是否反常则取决于买家所拥有的预期。

假设企业有共同且随机的线性成本函数 $C^t(q) = c^t q$。c^t 是随机游走的，即 $c^t = c^{t-1} + \varepsilon^t$，$\varepsilon^t \sim N(\mu_\varepsilon, \sigma_\varepsilon^2)$ 且服从独立同分布。没有共谋时，成本冲击为较大的价格增长提供一个竞争性根据。买家有一个零假设，即企业相互竞争。当价格序列显著不同时，买家将拒绝零假设。买家的先验信息为价格是随机游走的，即 $p^t = p^{t-1} + \eta^t$，η^t 服从正态分布。但是，买家并不知道 η^t 的分布的矩。在形成关于这些矩的信念时，买家使用过去的价格变动。这里，假设买家拥有 k 期的有限记忆，因而其数据集为 $\{\Delta p^{t-k}, \cdots, \Delta p^{t-1}\}$，其中，$\Delta p^\tau \equiv p^\tau - p^{\tau-1}$。使用这些样本矩，买家关于 Δp^t 的分布为 $N(m_1^{t-1}, m_2^{t-1} - [\cdot])$，其中，

$$m_i^{t-1} \equiv \left(\frac{1}{k}\right) \sum_{\tau=t-k}^{t-1} (\eta^\tau)^i$$

为限制状态空间的维数，假定买家的样本矩近似于运动方程：

$$m_i^t = \lambda_i m_i^{t-1} + (1-\lambda_i)(\eta^t)^i, \quad \lambda_i \in (0, 1)$$

买家将通过检测 $z(<k)$ 期最新的价格变动，来评估近期价格变动的合理性。给定买家关于 Δp^τ 的信念 $N(m_1^{\tau-1}, m_2^{\tau-1} - [m_1^{\tau-1}]^2)$，则这些 z 期价格变动的可能性被明确规定为"移动"可能性：$l^t \equiv \Pi_{\tau=t+1-z}^t f(\eta^\tau; m_1^{\tau-1}, m_2^{\tau-1} - [m_1^{\tau-1}]^2)$（其中，$f$ 是正态密度函数）。z 期最新价格变动的最大可能性为：

$$ml^t \equiv \Pi_{\tau=t+1-z}^t \max_{y^\tau} f(y^\tau; m_1^{\tau-1}, m_2^{\tau-1} - [m_1^{\tau-1}]^2)$$

假设买家关于共谋的怀疑取决于分配给这些最新价格变动的相对可能性：

$$L^t \equiv \frac{l^t}{ml^t} = \frac{\prod_{\tau=t+1-z}^{t} f(\eta^\tau; m_1^{\tau-1}, m_2^{\tau-1} - [m_1^{\tau-1}]^2)}{\prod_{\tau=t+1-z}^{t} \max_{y^\tau} f(y^\tau; m_1^{\tau-1}, m_2^{\tau-1} - [m_1^{\tau-1}]^2)}$$

L^t 的运动由运动方程近似给出：$L^t = (L^{t-1})^\xi \varphi(\eta^t, m_1^{t-1}, m_2^{t-1})$。其中，

$$\varphi(\eta^t, m_1^{t-1}, m_2^{t-1}) \equiv \frac{f(\eta^t; m_1^{t-1}, m_2^{t-1} - [m_1^{t-1}]^2)}{\max_y f(y; m_1^{t-1}, m_2^{t-1} - [m_1^{t-1}]^2)}, \text{且 } \xi \in (0, 1)$$

最后，假定侦查概率 $\phi(L^t)$ 是关于 L^t 的递减函数。总之，买家（基于价格变动的历史）发现近期价格变动的可能性越小，就越可能推断存在共谋。这一事件暗示价格生成过程存在变动，相应的猜想是：买家会推断一个解释，即由于卡特尔的信息，行为发生了变动。

这一侦查技术被嵌入无限期横向寡头价格博弈情境中，其中状态变量包括滞后价格、滞后成本、累积罚金、样本矩和可能性。卡特尔的动态问题（当均衡条件并非有效约束时）可以从政策函数中进行数值求解，该函数刻画取决于状态变量的最优价格。为获得模拟的价格路径，模型在企业相互竞争时运行 40 个时期，因而买家可以形成关于竞争性价格过程的先验信念。在第 41 期一个卡特尔形成，它继承了竞争性阶段得到的状态变量。

图 3-2 展示了两个典型的价格路径，并将非共谋（或竞争性）价格路径概括为一个参照基准。[①] 共谋价格路径先有一个过渡阶段，随后进入稳定阶段。在过渡阶段，价格稳定增长，一定程度上独立于成本冲击。而在稳定阶段，价格随成本发生变化。但很明显，共谋价格路径的变动小于竞争性价格路径。Harrington 和 Chen（2006）提供了更加系统性的证明，其中对于更多数量的模拟价格路径，可以发现当企业共谋时价格随时间的变动显著更低。共谋时较低的价格可变性归因于卡特尔试图避免因为较大的价格变动触发怀疑。如果成本发生大幅变动（且成本并不为买家所观察），则卡特尔将试图避免过多变动价格。尽管怀疑会因为错误的原因产生（如较大的价格变动是因为成本冲击，而不是行为变动），但任意怀疑都会触发调查。[②]

---

① 由于非共谋价格路径是成本的仿射函数，它还显示了成本随时间的变化。
② 关于这一理论以及筛选卡特尔的研究参见 Harrington（2007，2008a）。

□ 3.3.4　有/无沟通下的共谋均衡

上述模型假设任何共谋均衡都是非法的。因此，如果企业选择共谋，它们必然面临被处以罚金的前景。但是，如第一章所述，并非所有的共谋都是非法的。如果企业决定尽力将产业从竞争转向共谋，那么它们还需要决断如何完善和实施共谋以及是否通过非法方式实现。当然，合法共谋不如非法共谋有效，否则企业总是会追求法律多样性。因为只有涉及某些沟通形式的共谋是非法的，因而企业可以通过参与非法的沟通实践来寻求更有效的共谋，或者追求更低效的沟通方式（或者从不沟通），以避免被定罪和支付罚金。

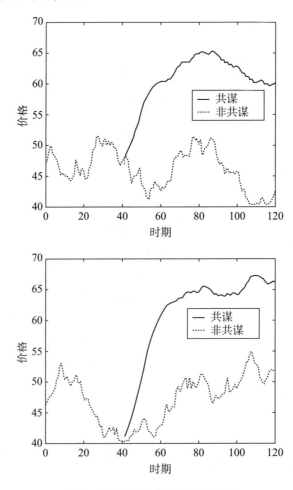

图 3-2　共谋和非共谋价格路径

资料来源：作者绘制。

在本书范围内，相关的问题是：竞争政策何时引导企业选择用更低效的沟通方式来实现共谋，以及如何改变共谋的形成？据我所知，仅有两篇论文探讨这一问题。它们通过一种逐渐发展（尽管仍然属于小众）的研究框架来刻画有沟通时的共谋，并检验有沟通的共谋何时更加有效。这一研究可能为引入竞争政策并评估其对共谋的影响奠定了基础。

在 Athey 和 Bagwell（2001，2008）中，假设企业拥有关于成本的私人信息。而在 Gerlach（2009）中，假设企业拥有关于需求的私人信息。企业使用无成本的信息（即"空谈"）来传达可能的私人信息，并以此协调出对卡特尔而言更加有效的结果。而在另一部分研究中，企业的销售量或其他一些内生变量是私人信息，企业出于相互监督的目的而交换信息。相关文献包括 Aoyagi（2002）、Harrington 和 Skrzypacz（2011）、Spector（2015）以及 Awaya 和 Krishna（2016）。在 Chan 和 Zhang（2015）关于信息交换的模型中，企业的成本和销售量都是私人信息。

我们在此处的关注点是这类文献中有关比较有沟通的共谋与无沟通的共谋的部分，以评估沟通的效果并提供关于企业何时想要沟通和可能进行非法共谋的见解。尽管沟通很明显将使得共谋更加有效，但是在进行证明时存在双重挑战。第一，只有当信息可信时沟通才是有用的，而这为企业进行准确的沟通提供了适当的激励。第二，通过许多巧妙和复杂的方式，企业在没有沟通时也可以构建均衡，这使得难以界定最大化均衡收益以及确定有沟通的均衡是否可以带来更高的收益。

Athey 和 Bagwell（2001）考虑了一个标准的有完美监督的无限期重复博弈，其中企业的成本函数独立同分布且属于私人信息。他们比较了有/无空谈消息下的共谋均衡，而这些消息的目的是分享关于成本的信息，以提高产业利润。最优方式要求当期成本最低的企业独自供应市场，但得到这一结果要求共享关于各自成本的信息，且每家企业都有报告成本较低以获得供应权的激励。若随时间变化来交易市场份额，则可以引导企业提供真实消息。尽管当某家企业宣称其拥有高成本时就不太可能分配到一定的市场份额，但是它可以从未来的更高市场份额中得到补偿，这些补偿预期更有价值，因为届时企业可能会拥有较低的成本。[①]

---

① 对于 Athey 和 Bagwell（2001）的模型，Hörner 和 Jamison（2007）阐述了在没有沟通时如何得到近似的最优收益。该文谈到了之前的一个观点，即有许多巧妙和复杂的方法可以在不发送消息的情况下实现有效共谋。

Awaya 和 Krishna（2016）、Spector（2015）检验了一个不完美监督情境，其中企业的价格和销售量是私人信息，且实现的销售量是随机的。与消息未得到使用时的最高均衡收益相比，使用消息时的均衡有更高的收益。从这一方面看，这些研究的目的为理解何时分享关于销售量的信息是有价值的。合规性挑战在于：某家企业可能削减共谋价格以实现更大的销售量，同时（不准确地）报告其销售量并不大。

在 Awaya 和 Krishna（2016）的案例中，如果空谈消息并未被使用，则相应环境属于私人监督的一种。也就是说，每家企业必须仅根据对自身销售量的了解，来决定是否继续收取共谋价格。当企业足够有耐心且监督噪声足够大时，存在一个有空谈消息的均衡，其盈利严格强于企业未沟通时的任何均衡。有沟通的均衡使企业自我报告销售量，且如果这些报告并不充分相似，就会施加惩罚。为推导这一结论，一个关于企业需求函数的必要条件是：企业的销售量高度相关，但只有当价格相似时才会如此。因此，如果所有企业设定共同的共谋价格，则它们的销售量将高度类似。在这一情形中，提交不准确的销售量报告很容易被发现，因为企业的销售量报告将无法与其他企业相同。但是，当企业背离共谋价格时，企业的销售量就不再强相关（如假定的），这意味着背叛者的销售量对其他企业的销售量缺乏信息。这表明企业不太可能提交与其他企业类似的销售量报告，因此可能遭受惩罚。总之，企业会发现将价格定于共谋水平并如实报告销售量是最优选择，这意味着当企业相互沟通销售量时监督更加有效。

Spector（2015）考虑了一个类似情形，但不同之处在于：每家企业以较高频率（例如每月）获得关于销售量的私人信息，且所有企业的销售量都以较低频率（例如每年）公开披露。因此，在较低频率的基础上出现了完美监督，而问题是：通过实时报告销售量并参考报告中的价格进行自我调节，企业能否做得更好？要记住，自我报告必须是激励相容的，而公开报告被假定为与事实相符。这样就提供了均衡存在的充分条件。通过自我报告高频的销售量信息，企业可以更有效地进行共谋。这里的冲突在于，如果企业使用公开的销售量报告，无效率会因为噪声的减少而减少，但此时惩罚将被推迟。但是，如果企业通过空谈消息真实地分享其私人信息，则它们可以有更准确的高频公共信息。而且，准确报告是激励相容的，因为误导性的销售量报告最终会被公开信息揭穿，到时相应企业将被施加严厉惩罚。在均衡中，无须使用这种惩罚，因而威胁是无成本的。总之，Awaya 和 Krishna（2016）以及 Spector（2015）都证明：企业相互报告其销售量可以获得更高收益，这表明在一系列情形中企业可能偏好于非法共谋。[①]

使企业从非共谋均衡走向共谋均衡的沟通，与属于共谋均衡的一部分、用于通过信息共享使共谋更有效的沟通之间存在明显区别。一般地，法律更加关注前者，但后者经常是证明责任的一部分证据。因此，目前所论述的研究涉及的沟通是均衡的一部分，其作用在于提供更有效的监督。

Harrington（2017）率先尝试纳入旨在协调共谋策略的沟通。尽管不是模型的一部分，但是相应的假设是：企业限制了它们的事前沟通，以避免违法行为，其含义是企业缺乏关于共谋策略的共同信念。这里的关注点是价格领导方案，其中企业的共同知识是价格增长将被匹配（一旦失败将引致竞争性价格），却缺少关于由谁、在什么水平以及何时领导价格的相互信念。因此，企业间有着关于共谋策略的部分相互理解。假设序贯理性是共同知识，由此解决了两个问题：（1）这些相互信念是否足以引致超竞争水平的价格？（2）如果它们可以得到超竞争水平的价格，这些价格是否低于存在对策略组合的相互理解时的相应价格（如均衡所推测的）？

在回答问题（2）时，可以证明存在一个严格低于最大化均衡价格（使用相同惩罚）的价格上限。当没有关于共谋价格的相互信念时，协调更高的共谋价格要求一些企业率先提高价格。对价格具体提升多少的限制是某家企业在充当价格领导者时面临的权衡：放弃当前需求和利润，以换取其他企业匹配价格增长时可得的未来更高利润。对价格的这一限制明显不同于均衡，在均衡中对价格的限制条件是"企业发现削减价格无利可图"这一条件。部分互相理解使得价格协调成为制约因素，而不是达成最终商定的价格的稳定性。至于问题（1），如果企业参与关于其他企业策略的贝叶斯学习且先验信念有全支持，则超竞争水平价格最终必将发生。[②]

---

① 参见 Escobar 和 Llanes（2016），该文阐述了共谋背景下私人信息在市场条件下传播的价值。

② 这一证明使用了 Kalai 和 Lehrer（1993）的一个结论，它不受他们"一丝真理"假设的批评，因为给定关于企业先验信念的其他假设，支集是一个可数集。

迄今讨论的研究并未考虑竞争法及竞争执法，这一点在 Mouraviev（2013）中得到了改进，尽管作者采取黑箱法来处理沟通。其中，作者修改了 Green 和 Porter（1984）的不完美监督框架，以允许每一时期企业通过会面交换可信的关于所实现产量的信息。如果企业一致决定会面，则在该时期不完美的监督设定就转换为完美的监督设定。这一转换的成本是：给定企业会面并交换各自的产量信息，相应共谋就被推定为非法。当构建共谋均衡时，卡特尔就面临一个权衡，因为会面强化了监督，其作用是降低背叛的盈利，但同时也（因为预期罚金）减少了共谋收益。

每一时期都有三个阶段。在第一阶段，观察到前期价格后，企业同时决定是否会面并（以可信的方式）交换前期产量数据。如果所有企业均同意，则它们将会面，此时有完美的信息披露。在第二阶段，企业选择产量，且可以公开观察到共同价格，其取决于所有企业的总产量（因为假定产品是同质的）和需求冲击。在这一阶段，当期产量是私人信息。需要推理的问题是：产生较低的实际价格是由于较低的需求冲击，还是因为一些企业没有遵从共谋结果并过量生产？在第三阶段，如果企业在第一阶段有会面，则产业以 σ 的概率接受调查，相应将被处以罚金 F。

最优完美公开均衡涉及求解触发价格 $\bar{p}$（其属于所有企业生产共谋产量时的均衡价格集），因而有：（1）如果实际价格高于 $\bar{p}$（且低于均衡集的上限），则会面不会发生，企业生产共谋产量。（2）如果实际价格低于 $\bar{p}$ 且高于均衡集的下限，则将发生会面。如果显示没有企业背叛，则企业生产共谋产量，否则将实施惩罚。（3）如果实际价格在均衡集之外，则此时将只会有惩罚。将该均衡与企业没有交换关于销售量的可信信息的选择这一情形相比，均衡中价格战［就 Green 和 Porter（1984）而言］并不会发生，相反会被"会面"所取代。因此，预测价格序列将大有不同。同样可以证明，当预期罚金足够低时，有会面时的最优均衡的收益将高于无会面时的最优均衡。

Mouraviev（2013）得到的发现是，当卡特尔非法时价格战更加普遍。如果不存在竞争政策，则在该模型情境中，共谋企业将总是选择通过会面交换产量信息，以避免价格战。如果有一家认证机构可以任意施加足够严厉的罚金，则卡特尔更偏好没有会面的均衡，这意味着会出现 Green 和 Porter（1984）所定义的价格战。

Garrod 和 Olczak（2016a）采取了相关方法，但其有不同的信息设定，且得到了截然不同的发现。其中，寡头结构是产能受限且产品同质的价格博弈，同时企业之间的产能存在差异。市场需求关于 m 单位完全无弹性，其中，m 随机、独立同分布且企业不可观察。某家企业的价格（以及实现的产量）是私人信息。在没有沟通时，市场上没有公共信息，因而这是一个私人监督设定。[①] 当共谋得到维持时，会有一个推理问题，因为某家企业的较低产量可能归因于敌对企业的背叛或者较低的市场需求。当某家企业的产量低于某个阈值时，最优完美公共均衡向静态纳什均衡周期性逆转（通过巧妙的模型构建，即使没有公共信息，企业之间也有关于何时施加惩罚的共同知识）。这一均衡的关键特征是，当（就产能而言）最小的企业相对较小时，惩罚的频率将增大，因为此时发觉背叛变得更难。背离共谋价格的企业有超出自身产能的需求，且假设企业的供给足以满足其所有需求，因而其产出等于产能。因此，企业的规模越小，其背叛所导致的其他企业需求减少的幅度也越小。粗略地说，这使得监督更有挑战性，且使其处于频繁的惩罚之中。

下一步是刻画有沟通时的均衡结果。在确定价格以及产量和利润被私人观察到之后，每家企业决定是否向其他企业提供关于该期所定价格的可信信息。[②] 相应地，均衡结果是企业收取共谋价格，并随后分享关于价格的信息。如果企业报告的价格并非共谋价格或者企业未能报告价格，则其将被施加惩罚。在均衡中，并不会有惩罚（这与企业不沟通时相反）。但是，企业之间的沟通会使得卡特尔在每期都会有被侦查并定罪的概率，而企业可能被处以的罚金与其产能成正比。注意，这里沟通每期都会发生，而在 Mouraviev（2013）中企业并非每期都选择沟通。

其中，一个核心目标是确定企业何时会发现通过沟通实现非法共谋更有利可图。非法共谋避免了任何惩罚，但随之而来的是预期罚金。如果对称企业的数量减少，则保持产业产能不变，最小的企业会变得更大。这使得没有沟通的共谋更有利可图，因为惩罚被触发的频率更低。因此，企业数量越少，非法共谋越不可能，因为企业会选择在无须分享价格信息的情况下共谋。对这一发现的解释是，当企业数量较少

---

① 无沟通时的均衡最初由 Garrod 和 Olczak（2016b）给出。

② 可以证明，即使假设只有通过空谈进行的价格报告而没有可信的信息，这一结论也是稳健的。在这种情形中，要使其真实，必须满足激励相容约束。但是，关于稳健性的证明主要依赖对需求和产能的特定假设。

时，默契共谋取代了公开共谋。

3.4 小 结

  本章的结论可以总结为两组问题的答案。第一，竞争法及竞争执法的存在在多大程度上改变了我们对共谋的理解？定罪和处罚带来的预期的改变对共谋行为施加了什么样的影响？非法卡特尔的运作方式是否与合法卡特尔不同？第二，竞争法及竞争执法的影响是什么？特别地，它是否具有预期的降低共谋价格、缩短卡特尔存续时间、降低行业卡特尔程度的效果？在什么条件下竞争法和竞争执法无效甚至适得其反？

  在本章提到的这些模型中，竞争政策被表示为一种定罪的概率和对被定罪者的处罚程度。这样的分析纳入了揭露、起诉和对卡特尔定罪的过程，直接影响着企业是否共谋，抑或导致共谋暂时或永久地终止。这些理论也充实了对竞争政策的间接影响的研究。过早终止共谋的预期以及可能支付的罚款降低了共谋收益，以致影响了均衡条件。这种影响可能大到使共谋不再是一种均衡，因而抑制了卡特尔的形成。另外，即使卡特尔没有被抑制，竞争政策对均衡条件的影响也会使卡特尔变得不稳定，因为竞争政策使市场环境变得更多样，其中不乏不满足均衡条件的市场环境，从而使卡特尔解体。不稳定性的增加会转化为更短的卡特尔存续时间。由更短的卡特尔存续时间（由于被竞争执法机构关闭或内部瓦解）导致的较低的共谋而使收益和较高的预期罚款会收紧均衡条件，然后在确保企业遵从卡特尔共谋行为的前提下，设定一个较低的共谋价格。

  Katsoulacos，Motchenkova 和 Ulph（2015a）将竞争政策的三种效应概括为使活跃卡特尔关停的直接影响（direct effect）、阻止卡特尔形成的间接威慑效应（indirect-deterrence effect）以及限制共谋定价的间接价格效应（indirect-price effect）。前文中的理论也指出竞争政策影响企业背叛共谋的收益，并且相对于共谋收益的下降程度，更激进的竞争政策有可能使背叛共谋带来的收益下降更多（在这种情况下，均衡条件被放松，这使得共谋更容易）。因此，在评估竞争法及竞争执法如何影响共谋环境时，必须小心谨慎。

关于卡特尔的形成、解体和存续时间，理论普遍表明，更高的侦查和定罪成功率，以及更高的罚款确实可以减少卡特尔存活的市场并且缩短卡特尔存续时间，政策确实可能使得卡特尔行业数目下降。至于卡特尔成员的参与问题，竞争政策的存在改变了合法卡特尔的"来者不拒"政策。在没有竞争政策的情况下，卡特尔总是倾向于扩充自己的成员，因为这会削弱共谋价格而不会限制其产出。但是，对当局侦查的担忧可能导致卡特尔对成员资格进行限制。竞争政策缩小了最大的稳定卡特尔的规模，这有助于降低共谋价格。当然与此同时，由于竞争政策使最小的稳定卡特尔的规模增大，均衡条件可能会随之收紧。

竞争法及竞争执法存在下的共谋理论在定价行为方面有很多新发现。非法卡特尔的共谋加价分散程度比合法卡特尔的低，因为竞争政策会阻止低加价卡特尔的形成，并限制成型卡特尔的加价。虽然竞争政策通常会限制共谋价格，但如果均衡条件不是紧约束，并且罚款对定价变化不敏感，那么稳态共谋价格不受竞争执法机构存在的影响。相反，如果均衡条件是紧约束，那么竞争政策存在时的共谋价格可能更高，因为此时背叛共谋而使收益降低的程度比共谋收益降低的程度更大。但是，这些条件似乎过于特殊。

这些理论给出的更丰富的发现在于对动态价格的刻画。根据标准的共谋理论，合法的卡特尔可能没有理由不在卡特尔形成时大幅提高价格。[①] 但对于非法卡特尔组织，如果当局的侦查行为对价格变化是敏感的，那么卡特尔可能会选择逐步提高价格。与一些实际卡特尔大体一致的是，价格的变化路径上有一个过渡阶段，在该阶段，价格很大程度上独立于成本冲击而上升。在这之后是一个稳定阶段，在该阶段，价格对成本冲击的敏感度低于竞争状态下的敏感度。然而，竞争政策也可能妨碍共谋企业管理者之间的会面，这样一来就会发生（在合法卡特尔中不会发生的）价格战现象。标准共谋理论的一个基本结论是，企业的均衡定价是企业贴现因子的（弱）增函数。竞争政策改变了比较静态分析的结果，因为较高的贴现因子可能导致初始价格降低，但与合法卡特尔一样，它会提高长期价格。

---

① 值得声明的一个警告是，卡特尔可能希望隐藏自己以影响与行业购买者讨价还价时的地位。如果购买者认为较大程度的加价是因为成本的上升而不是企业行为的变化，那么他们可能更愿意接受它，见 Kumar 等（2015）以及 Kumar（2016）。

第四章

最优的竞争政策

4.1 建模问题概述

　　第三章回顾了在企业共谋模型中考察竞争政策的各种途径,其目的是提供一些见解,说明将共谋行为非法化并对被定罪的卡特尔施加惩罚将如何影响卡特尔的形成、卡特尔组织的参与、共谋价格,以及卡特尔存续时间等。现在我们转向研究如何优化竞争政策的设计这一规范性分析。如果目标是最大化社会福利,那么法律应通过怎样的具体条款来阻止共谋,以及应如何执行呢?

　　我们分析的起点是界定责任和定义证据标准。什么类型的行为应该是非法的?应该需多少证据来证明企业从事非法行为?当然,从企业的角度看,重要的是它们的行为如何映射到被判处有罪的可能性上。在决定是否共谋以及设定什么价格时，这一映射关系如何在责任和证据标准之间解析并不重要。这种考量似乎表明，最优政策设计问题可以被看作从企业行为到定罪可能性（以及惩罚的设定）的映射的最优选择。虽然这种简化在一个相对恒定的环境设定中是正确的，但更一般地说，将责任和证据标准混为一谈是具有误导性的。可能存在许多责任和证据标准的成对组合，它们产生相同的从企业行为到定罪可能性的映射，但并不表示它们仍会在以后继续产生相同的映射，因为证据标准比责任的界定更具适应性和案件特殊性。在法律领域，责任被认为是固定的（一旦法律的司法解释做出确定的声明），而证据标准则随着揭露和解释证据的方法而不断发展。考虑到这种演变，我们需要将责任与证据标准区分开来。

关于责任和证据标准，一些相关问题包括：哪种形式的共谋应被认定为非法？只有明示共谋是非法的吗？即使企业之间不进行明确的沟通，它们协调价格上涨是否应被认定为非法？经济证据（即基于市场的数据）是否足够？是否必须有双方沟通的证据？虽然文献提供了关于责任和证据标准的适当设计的一些一般性讨论，但据我所知，还没有正式的分析来尝试确定责任和证据标准的社会最优定义。出于这个原因，我们将暂时撇下这个重要的问题，并继续讨论已有大量文献的主题。①

给定相关反垄断法律，其执行涉及三个阶段：调查涉嫌非法共谋的企业、起诉涉嫌非法共谋的企业（和员工）、对被判非法共谋的企业（和员工）进行惩罚。那么我们自然要问，何时应对企业进行涉嫌非法共谋的调查？企业应该何时因涉嫌非法共谋而被起诉？当一个行业被判犯有非法共谋罪时，惩罚应该有多重（认识到法律留有酌情处理的空间）？第二组问题涉及执法，即如何在调查、起诉和惩罚方面适当分配执法资源：应该花费多少资源？如何在这三个阶段分配资源？如何在竞争执法机构和配合调查举证的主体（如咨询公司、第三方机构）之间分配这些任务？与此相关的重要问题是：在实践中，竞争执法机构和第三方机构如何调查、起诉和惩罚？它在多大程度上与社会最优的要求保持一致？第三组问题是惩罚的最优设计。法定

---

① 对有关共谋的责任和证据标准的文献感兴趣的读者，可参见（按此顺序）：Kaplow（2013）、Werden（2004）、Page（2007）、Hay（2000）、Harrington（2011a）、Kovacic 等（2012），以及 Coate（2015）。

的最高惩罚应该有多高？在确定惩罚时应该考虑哪些因素？当被调查者配合执法时，是否应该减少对其的惩罚？如果是这样，是否应该设置标准来决定怎样配合调查才可以得到宽恕处理？

在本章中，我们将回顾一些关于竞争法及竞争执法的最优设计的理论研究。文献在处理这些不同的问题时存在相当大的分歧，其中有一部分文献在惩罚的设计方面做了大量工作，只有很少的研究涉及具体执法操作，因为如前所述，这涉及侦查和起诉。另外，没有任何文献涉及责任和证据标准。4.2 节讨论了一些最优政策中关于调查和惩罚决策以及如何根据价格和数量展开调查、进行惩罚的研究。当然，不可否认的是，文献主要关注的是经济证据（不同于企业间的沟通文件等非经济证据），它们并不能像通常的初步证据那样促使法院提起诉讼，也不能像庭审需要的证据那样在法官的裁决面前保护自己（不被定罪）。不过，我依然对这些文献进行了回顾，因为它们提出了正确的问题并且在经济分析上是合理的，这使得它们成为很好的模型，可供未来研究参考，以便更好地考虑法律制度所施加的限制。本章其余部分涉及与惩罚有关的各种问题。4.3 节考察了惩罚的最优设计；4.4 节讨论了与客户损害相关的一些问题；4.5 节选择了一些关于宽恕政策的理论文献进行回顾评述，关于宽恕政策的研究非常丰富且仍在不断增长。

4.2 最优执法

什么时候起诉涉嫌共谋的企业是社会最优的？在起诉和定罪的情况下，什么是社会最优的惩罚？建立处理这些问题的模型，挑战在于如何将企业的共谋决策以及定价行为纳入竞争执法机构的最优政策设计问题中。如第三章所述，在竞争法约束下的共谋模型可能很复杂。考虑到卡特尔对政策做出的反应，在动态分析框架中对该政策进行内生化会在技术上带来一些挑战。我将要回顾的研究使用的是一种静态的共谋模型，因而忽略了许多关于共谋行为的均衡约束，这些被忽略的内容是本书先前关注的焦点。

这里引用的核心论文是 Besanko 和 Spulber（1989），我对其进行了详细的回顾。

作为概述，假定竞争执法机构监测相关市场中的价格和数量，并以观察到的价格和数量为根据进行起诉，如果企业被定罪，那么罚款的设定将基于观测到的价格和数量。竞争执法机构公布何时进行调查以及惩罚多少。在了解了竞争执法机构的这一做法后，企业决定是否组成卡特尔，并在此情况下确定价格。起诉对竞争执法机构而言有一定代价。事前可能并不清楚是否存在卡特尔，因为竞争执法机构不了解行业的真实成本，这意味着观察到的高价格可能是由于共谋，抑或具有高成本的企业在进行竞争。该研究的目标是确定如何根据观察到的价格和数量进行起诉和惩罚，以最大化预期的社会福利。鉴于较为昂贵的起诉成本，竞争执法机构希望在决定追究哪些案件时能够尽力明智一些。与此同时，积极的政策可能会阻止一些卡特尔形成，也会影响已形成的卡特尔的共谋价格。

竞争执法机构的策略采用 $(\sigma(q), F(q))$ 的形式，其中，$\sigma: \Re+ \to [0, 1]$ 是在给定观察到的行业供给为 q 的情况下追踪调查该案件的概率。追踪调查的社会成本是 K。如果定罪，则罚款额 $F: \Re+ \to [0, A]$，且取决于 q，其中，A 是法定最高罚款。如果案件被追究，那么若企业共谋了，就会被定罪，若企业没有共谋，就会被判无罪。在执法机构选择并承诺一项政策后，企业就会观察到这一政策。企业有一个共同的成本，值可能为 $\{c1, c2\}$ 中的某一个，并且是它们的私人信息。给定实现的成本和公布的政策 $(\sigma(\cdot), F(\cdot))$，企业决定是否组建卡特尔。如果它们选择不组建卡特尔，那么它们就会生产竞争性条件下的产量。给定反市场需求函数 $P(q)$，竞争环境下的产量是 q_i^o，其中，$P(q_i^o) = c_i$。注意，$c_2 > c_1$ 意味着 $q_2^o < q_1^o$。如果企业共谋，那么它们在考虑任何预期惩罚的前提下，选择行业供给 q 以最大化预期的联合利润。鉴于竞争性利润为零，只要预期利润减去预期罚款的净额为正，企业就会共谋。

给定企业以自身利润最大化模式共谋，并生产了令其自身最优的产量，竞争执法机构选择一项政策 $(\sigma(\cdot), F(\cdot))$ 以最大化社会福利。为了正式表达竞争执法机构的问题，当企业共谋并且边际成本为 c_i 时，令 $I_i = 1$。如果 $I_i = 0$，则总供给量为 q_i^o；如果 $I_i = 1$，则企业会共谋，q_i 表示该情况下的供给量。竞争执法机构的问题是：

$$\max_{\sigma(\cdot), F(\cdot), q_1, q_2, I_1, I_2} \sum_{i=1}^{2} \mathrm{Pr}(c_i) \{ I_i [V(q_i) - c_i q_i - \sigma(q_i)K]$$

$$+(1-I_i)[V(q_i^o)-c_iq_i^o-\sigma(q_i^o)K]\}\qquad(4.1)$$

约束条件为：

$$(q_i, I_i)\in\arg\max_{q_i\geq 0, I\in\{0,1\}}I[\pi(q_i, c_i)-\sigma(q)F(q)], i=1, 2$$

$$\sigma(q)\in[0, 1], F(q)\in[0, A]\qquad(4.2)$$

$\Pr(c_i)$ 是实现的成本为 c_i 的概率。消费者保留价值是 $V(q)$，因此在扣除执法成本之前，$V(q)-c_iq$ 是社会福利。行业利润为 $\pi(q, c_i)=(P(q)-c_i)q$。如果企业在成本为 c_i 时不共谋（$I_i=0$），则社会福利为 $V(q_i^o)-c_iq_i^o-\sigma(q_i^o)K$，因为竞争性产量是 q_i^o，预期执法成本是 $\sigma(q_i^o)K$。如果企业共谋（$I_i=1$），那么社会福利就是 $V(q_i)-c_iq_i-\sigma(q_i)K$。正如标准的机制设计方法所谈到的，此处的问题在于竞争执法机构选择其政策，企业决定是否共谋并决定共谋产量（q_1, q_2, I_1, I_2）。这些决策被要求对企业是最优的，正如在约束条件（4.2）式中表示的。请注意，罚款 $F(q)$ 不会构成竞争执法机构的收益，因为它只是转移支付。

最优政策的一个直接属性是将惩罚设置在其最大值处：$F(q)=A$。给定企业行为受到预期罚款的影响，并且起诉概率 $\sigma(q)$ 的上升会提高预期执法成本 $\sigma(q)K$，竞争执法机构更倾向于通过提高罚款而不是通过提高定罪的概率来提高预期罚款。因此，罚款额往往被设定为最大值。

在进一步描述最优政策之前，我们首先给出当竞争执法机构具有完整信息（在该模型中，意味着竞争执法机构知道行业成本）时的最优政策。政策可以根据行业成本和相关市场的产量进行调整。假设成本是 c_i，如果 $q\geq q_i^o$，那么在最优政策下有 $\sigma(q)=0$（若供给至少是竞争水平，则竞争执法机构不会起诉）。如果 $q<q_i^o$，则 $\sigma(q)\geq(q_i, c_i)/A$，且 $F(q)=A$（因此，预期罚款使得共谋无利可图）。这项政策确保共谋始终被阻止，当且仅当企业共谋时才会追诉案件。此时执法成本为零。

对于竞争执法机构不知道行业成本信息的情况，最优政策总会诱使低成本的行业形成卡特尔，因此，共谋并未被完全阻止。为了证明这一结论，考虑一个低成本的行业，让我们比较其共谋程度很低（通过生产恰好低于竞争性的供给量，$q_1=q_1^o-\varepsilon$）和共谋程度很高（通过减少供应 q_2^o，从而模仿一个高成本的竞争性行业）的情况。从福利的角度看，后者对市场更有害，因此竞争执法机构更倾向于在最优时使卡特尔共谋的程度尽可能小，当且仅当下式成立时，这种情况成立：

$$\pi(q_1, c_1) - \sigma(q_1)A \geqslant \pi(q_2^o, c_1) - \sigma(q_2^o)A$$

上式左边是生产 q_1 的低成本行业预期利润，右边是生产 q_2^o 的预期利润。把含 A 的项移在同一边，重写这一条件，我们发现，供给量要从 q_1 变为 q_2^o，相应的起诉概率的提高需要足够大。

$$\sigma(q_2^o) - \sigma(q_1) \geqslant \frac{\pi(q_2^o, c_1) - \pi(q_1, c_1)}{A}$$

因此，当竞争执法机构提高 $\sigma(q_1)$ 以提高对程度较低的共谋的起诉概率时，它必须提高 $\sigma(q_2^o)$ 以阻止低成本卡特尔参与高程度的共谋。通过对略低于 q_1^o 的产量设置 $\sigma(q) = 0$——同时这不会阻止低成本的卡特尔进行低程度的共谋——竞争执法机构可以降低 $\sigma(q_2^o)$，这节省了预期的执法成本。

这一论点确保了低成本行业不会大量参与共谋，却可以使它们进行少量共谋。旨在最大化社会福利的竞争执法机构可以接受这一现象的原因是，如果低成本卡特尔的产量略低于竞争性的产量 q_1^o，则对福利没有一阶效应，但是可以通过阻止更多以模仿高成本竞争性行业为手段的共谋而（一阶）节省执法成本，而且这种类型的共谋的危害更加严重。①

考虑一个成本为 K 的起诉，假设 K 比较小，成本差异也不是太大，使得高成本竞争性供给超过低成本垄断供给：$q_2^o \geqslant q_1^m$（其中，q^m 是一个成本为 c_1 的行业的垄断产量）。当且仅当 $q \geqslant \tilde{q}_1$ 时，最优政策有 $\sigma(q) = 0$，其中，$q_1^o > \tilde{q}_1 > q_2^o (\geqslant q_1^m)$。也就是说，对于低于低成本竞争性供给但高于低成本垄断供给的某个产量 $\tilde{q}_1$，如果实现的产量不比 $\tilde{q}_1$ 少，则竞争执法机构不会起诉。低成本行业选择最优的共谋程度并生产避免起诉的最小产量 $\tilde{q}_1$。高成本行业选择竞争并面临正的起诉概率，$\sigma(q_2^o) > 0$。这样一来，我们发现最优政策下只有竞争性行业被起诉！竞争执法机构的政策是在成

---

① 因此，非共谋意味着完全竞争是非常重要的；否则，在非共谋水平以下减少供给会对福利产生一阶的负面影响。

本低的时候限制共谋，而不是阻止卡特尔的形成，也不是起诉它们或对其定罪。当然，它可以为所有 $q \geqslant q_2^c$ 设置 $\sigma(q)=0$，从而避免起诉高成本的竞争行业，但随后低成本的卡特尔将更大程度地限制产出。值得注意的是，当执法成本 K 接近于零时，$\tilde{q}_1$ 接近于 q_1^c，因此低成本卡特尔的产量会接近竞争性水平。因此，高成本卡特尔不会共谋，低成本的卡特尔以一个非常低的水平共谋，此时预期的执法成本接近于零（因为 K 接近于零）。当执法成本任意小时，可以非常接近最优的结果。

Souam（2001）通过假设可能实现的成本的连续性，允许惩罚不仅取决于产量，而且取决于实际成本（仅在事后才知道），从而扩展了 Besanko 和 Spulber（1989）的分析。此外，考虑两类惩罚制度：（1）基于收入，即 $F(q, c)=\gamma P(q)q$；（2）基于利润，即 $F(q, c)=\gamma[P(q)-c]q$。其分析显示模型的参数决定了哪种惩罚制度是首选。[①] 与 Besanko 和 Spulber（1989）类似，Souam（2001）表明，最好接受一些来自小规模共谋的减产，以避免产量进一步减少。

迄今为止所回顾的文献都假设司法程序没有错误。如果一个行业被起诉并且有（或没有）卡特尔，则会（或不会）被定罪。Schinkel 和 Tuinstra（2006）允许定罪错误。假设有三种成本类型，并且行业仅限于选择其中一种并生产竞争性的供给（在任何其他数量都将导致起诉的假设下，这是合乎理性的）。在起诉的情况下，实现的成本以及企业是否真的共谋了还是不确定的。因此有理由认为，如果发现企业没有根据竞争执法机构估计的成本（可能也不准确）生产竞争性的产量，那么可以考虑对企业定罪。如上所述，模型中竞争执法机构的政策具有一个根据观察到的产量起诉行业的概率。然而这样一来，起诉可能导致第一类错误（竞争行业被认定犯有共谋罪）或第二类错误（卡特尔未被判有罪）。当司法程序随机性更强时，最优政策会放任更多共谋。这是非常直观的，因为预期的惩罚对企业是否共谋不太敏感。较大概率的第一类错误意味着企业即使竞争也有可能被定罪，而较大概率的第二类错误会降低对共谋企业的预期惩罚。

LaCasse（1995）在拍卖中围标行为的背景下分析了最优竞争政策。投标人决定

---

① 该结果与 Katsoulacos，Motchenkova 和 Ulph（2015a）中的结果相反，后面将对此进行评述。

是否串通，然后获知他们在拍卖会上出售对象的个人保留效用。政府决定根据中标的情况而起诉，同时不知道投标人的估值以及他们之间是否对他们的投标进行了协商。因此，较低的中标价可能是因为围标，也可能是因为所有投标人的估值都很低。均衡涉及混合策略：投标人以一定概率组成卡特尔，政府以一定的概率起诉。这种随机的性质是很重要的，因为如果投标人以100％的概率组成卡特尔，那么政府肯定会起诉，在这种情况下，共谋是无利可图的；如果投标人从未组成过卡特尔，那么政府就不会起诉——因为这样做成本很高——但这个时候投标人会想要组成卡特尔并设定一个等于竞争性投标的价格来争取高估值的卖家。如果中标价格足够高——以至于它与共谋的投标价格相去甚远——那么在均衡的情况下当局就不会起诉。在某个临界价值以下，政府起诉的概率随中标价格的上升而下降。①

Besanko-Spulber 的分析方法的可取之处在于，在政府的政策设计中考虑了企业如何对卡特尔的形成和供给量做出最优的反应。其结果很有吸引力，因为它们完善了竞争执法机构所面临的几个权衡取舍问题。首先，当局可能并不想阻止所有共谋，因为这需要大量的执法成本，因此，容忍低水平的共谋可能是最优的。其次，当所有类型的卡特尔都没有被阻止时，下一个重要的问题是要阻止产量的大幅下降。他们的分析还表明了如何通过更积极的政策使得较低的执法成本转化为更高的社会福利。在模型缺陷方面，这个分析框架至少在两个实质性方面是不现实的。第一，它假设竞争执法机构了解除成本之外的整个市场环境，并且能够无成本地监控产量（或价格）。然而在实践中，监测市场非常具有挑战性。第二，预先假设的法律制度明显偏离现实。在模型中，调查的基础（也可能是定罪的基础）是价格和产量方面的市场数据。最初基于此类证据的案件无法在托姆布雷（Twombly）挑战中存活，

---

① Martin（2006）以及 Frezal（2006）在动态环境中推导出最优竞争政策，但可行的政策集非常具有约束性。在 Martin（2006）的研究中，要么使企业竞争、合法共谋［涉及格林-波特（Green-Porter）模型中的不完善监管］，要么使它们非法共谋（采取联合利润最大化的形式）。竞争执法机构可以根据观察到的价格决定是否施加惩罚。Frezal（2006）探讨了一种使竞争执法机构决定是否对行业展开调查的审计政策。该研究发现，以已知的确定性方式对行业进行审计可能优于随机审计。直觉上，审计的可能性（会导致卡特尔关停）可能不足以阻止某些行业的共谋。但是，如果一个行业知道它将在未来某个时间被审计，那么通过逆向归纳可知，该共谋终止的日期会破坏在这之前所有时期的共谋活动。虽然有趣，但随机和确定性审计政策可能都是不切实际的。

因此不能通过美国的辩护阶段。[1]

▌4.3　惩罚的最优设计 _____

3.1.1 节讨论了为阻止企业共谋，如何设置合适的惩罚力度。这里，我们将讨论一个更有趣且更有挑战性的问题，即政府罚款的合理设计。换句话说就是，罚款究竟应该如何计算？为了研究这一问题，我们考虑一个最简单的模型设定：假设某卡特尔成员以某一概率 σ 被证实有罪，$B(p, q)$ 是罚款基数，$\gamma > 0$ 是罚款乘数，则此时罚款总额为 $\gamma B(p, q)$。假设罚款基数取决于市场数据，包括共谋期间企业产品的价格和产量。我们将在这里讨论的，以及文献曾经探讨过的问题是关于罚款基数的社会最优选择。

在实践中，许多因素决定了政府征收的罚款数额。举例来说，欧盟委员会将卡特尔成员的罚款额定为 $(aT+b)B(p, q)$，其中，$B(p, q)$ 是企业参与卡特尔期间最后一个完整营业年度的销售额，T 是企业参与卡特尔组织的年数，$a \in [0, 0.3]$ 取决于违法行为的严重性，$b \in [0.15, 0.25]$。许多因素可以决定违法行为的严重性，通常包括减轻因素（使 a 变小）和加重因素（使 a 变大）。减轻因素通常包括减少卡特尔产生损害（例如在调查开始时立即终止共谋）并协助实现定罪（例如与竞争执法机构合作，配合调查）的行为。加重因素包括企业是卡特尔的发起者或领导者，并且是屡犯者等。虽然随后的分析将作用于罚款基数的罚款乘数当作固定的，但在实践中它取决于卡特尔的行为。

该分析涵盖了定义基数的各种方式，包括使用收入（如欧洲委员会的情况）、过度收费，以及共谋产生的利润。[2] 我们的研究任务是比较这些不同方式的表现和效果，其目标是尽量减少共谋造成的福利损失。这一目标尤其关注减少使共谋稳定存

① 在 Bell Atlantic Corp. v. Twombly, 550 U. S. 544（2007）这一案件中，美国最高法院指出，为了对某一主张进行辩护，对并行行为的指控和对共谋的断言是不够的，原告必须提供足够的事实来陈述救济的主张，并且该救济表面上应是合理的。因此，为了案件的进行，已经建立了一个合理的标准。关于这个问题的讨论，读者可以参考 Klevorick 和 Kohler-Hausmann（2012）。

② 在美国，潜在的最高罚款是卡特尔的非法收入或消费者的损失的两倍。

在的市场条件，并在共谋稳定时降低共谋价格。更具体地说，一个无限重复的寡头博弈模型被修改为可以包含一系列惩罚的方案，并且在以下两种情况下，惩罚方案更具有吸引力：（1）支持任何共谋所需的最小折扣因子更高，（2）均衡（或多个均衡）中的最大共谋价格较低。

在进行下面的分析之前仍须注意一点，在比较不同的基数时，面临的一个挑战是，如果罚款乘数 γ 保持固定，则所得到的罚款数额是可以变动的。例如，如果使用收入数据，则基数为 $pD(p)$；如果使用共谋利润，那么基数就变成了 $(p-c)D(p)$，其中，p 是共谋价格，c 是成本。如果发现基于企业收入的公式在解释阻止共谋方面更有效，那可能仅仅是由于（预期的）幅度——$\sigma\gamma pD(p) > \sigma\gamma(p-c)D(p)$——而不是方法的设计。一种可能的修正是边调整 $\sigma\gamma$ 的值，边比较方案的表现，最终使得两个方案的预期值相同。

关于这些问题，我的观点源于 Katsoulacos，Motchenkova 和 Ulph（2015b）。[①] 将模型设定为无限期重复的伯特兰价格博弈，期望的企业罚金为 $\tau B(p)$，其中，$B(p)$ 是罚款基数，$\tau = \sigma\gamma$。假设企业生产满足市场需求，并且所有收取共谋价格 p 的企业面临的市场需求函数都是确定的形式，记作 $D(p)$，那么我们就可以减少罚款基数中的变量个数。在无限期版本的博弈中，共谋可以在针对基于企业共同成本 c 的静态纳什均衡定价的严厉惩罚中得到维持。如果被定罪，我们会假设卡特尔立即进行整改并终止滥用市场支配地位的行为，尽管模型结果很可能允许其以小于 1（甚至为零）的概率进行相关整改。

根据这些假设，与共谋价格 p 相关的共谋价值是：

$$V(p,B) \equiv \frac{\pi(p) - \tau B(p)}{1 - \delta} \tag{4.3}$$

当共谋稳定时，假设卡特尔组织已经组成并选择了使均衡条件下的共谋价值最大化的价格：

---

① 其他有关惩罚的最优体量和设计问题的研究包括 Buccirossi 和 Spagnolo（2007）、Motchenkova（2008）、Allain 等（2011）、Bageri，Katsoulacos 和 Spagnolo（2013）、Katsoulacos 和 Ulph（2013）、Jensen 和 Sørgard（2014），以及 Kalb（2016）。

$$\max_p \frac{\pi(p) - \tau B(p)}{1-\delta} \quad \text{s.t.} \quad \frac{\pi(p) - \tau B(p)}{1-\delta} \geqslant n\pi(p) \tag{4.4}$$

请注意，我们假设当卡特尔成员有背叛行为出现时，背叛成员可以避免惩罚。将最优价格记作 $p^c(B)$，垄断价格记作 p^m。

我们考虑三个惩罚方案。第一个方案使用营业收入作为罚款基数，即 $B(p) = pD(p)$。第二个方案以企业利润作为罚款基数，即 $B(p) = (p-c)D(p)$。若给定非共谋下企业利润为 0（即企业在边际成本处定价），则这个罚款基数也是共谋的增量利润。第三个方案基于企业的过高定价，即 $B(p) = (p-p^{bf})D(p^{bf})$。过高定价指的是共谋价格超过若无价格（but-for price）p^{bf} 的部分。通常情况下，$p^{bf} = p^n$（对于手头的情况，二者还等于 c）。因此，基于过高定价的公式衡量了卡特尔成员在没有共谋情况下的收入以及产量。该公式不同于典型的衡量客户损害的公式，即 $B(p) = (p-p^{bf})D(p)$，因此应该将此过高定价应用于企业的实际产量而不是反事实的产量。虽然基于收入、增量利润和客户损害的公式已经在实践中得到使用，但据我所知，还没有基于过高定价的公式。但是，正如我们将要看到的，它具有最良好的性质。

当罚款额与增量利润成比例时，$B(p) = (p-c)D(p)$，此时卡特尔的最优化问题变为：

$$\max_p \frac{\pi(p) - \tau\pi(p)}{1-\delta} \quad \text{s.t.} \quad \frac{\pi(p) - \tau\pi(p)}{1-\delta} \geqslant n\pi(p)$$

它等价于：

$$\max_p \pi(p)\left(\frac{1-\tau}{1-\delta}\right) \quad \text{s.t.} \quad \frac{1-\tau}{1-\delta} \geqslant n \tag{4.5}$$

此时卡特尔的最优定价就是垄断定价。虽然更严格的执法（即 τ 更大）使得共谋稳定的市场条件更少，但基于利润的惩罚并不会限制市场价格。当放宽条件使得 $p^n > c$，或者基于共谋的增量利润设定罚款基数时，这一结果依然稳健，即 $B(p) = (p-c)D(p) - (p^n - c)D(p^n)$。

现在我们转而考虑基于收入的模型，卡特尔的最优化问题为：

$$\max_{p} \frac{(p-c)D(p)-\tau pD(p)}{1-\delta}$$

$$\text{s. t. } \frac{(p-c)D(p)-\tau pD(p)}{1-\delta} \geqslant (\min\{p, p^m\}-c)nD(\min\{p, p^m\})$$

其中，在给出背离的利润时，可以发现当共谋价格超过它时，设定垄断价格是最优的（在这种情况下，这是非常相关的问题）。卡特尔的最优化问题可以变形为：

$$\max_{p} \frac{(p(1-\tau)-c)D(p)}{1-\delta}$$

$$\text{s. t. } \frac{(p(1-\tau)-c)D(p)}{1-\delta} \geqslant (\min\{p, p^m\}-c)nD(\min\{p, p^m\}) \qquad (4.6)$$

此处罚款就像从价税，因此目标函数随着垄断价格的上升而上升。至于约束条件，当以垄断价格进行衡量时，不等式左边随着价格单调递增，而不等式右边保持不变，因此当价格上涨至超过垄断价格时，均衡条件会变得宽松。因此，基于收入的罚款方案会导致卡特尔的定价高于没有竞争法审查时的价格（前提是共谋稳定，然而在此处不太可能成立）。高于垄断水平的价格会降低利润（在扣除预期的罚款之前），但会降低市场收入，从而降低预期的罚款（因为需求在垄断价格下具有弹性）。

下一步我们转向以过高定价为基础的罚款，即 $B(p)=(p-p^n)D(p^n)$（其中，$p^n=c$，因为我们假设的是伯特兰价格博弈）。卡特尔的最优化问题变为：

$$\max_{p} \frac{(p-c)D(p)-\tau(p-p^n)D(p^n)}{1-\delta}$$

$$\text{s. t. } \frac{(p-c)D(p)-\tau(p-p^n)D(p^n)}{1-\delta} \geqslant (p-c)nD(p)$$

对目标函数求导，并将垄断价格代入其中，可得 $-\tau D(p^n)/(1-\delta)<0$。因此，非约束条件下的卡特尔最优定价小于垄断定价。如果约束收紧，价格则会更低。

就对共谋价格的影响而言，基于过高定价的模型（在福利方面）比基于增量利润的模型更优，而后者又优于基于收入的模型。有趣的是，后两种方案已经在实践中采用，但第一种方案并没有。在实践中使用的与基于过高定价的模型相近的惩罚制度是消费者损害赔偿制度，其（在伯特兰价格博弈的情况下）具有 $B(p)=(p-$

$p^n)D(p)$ 的形式。两种公式都包含过高定价 $p-p^n$，但过高定价用于在实际产量 $D(p)$ 中计算客户损害，以及在若无产量 $D(p^n)$ 中计算基于过高定价的罚款。在无约束问题中，与客户损害模型相比，基于过高定价的模型得出的共谋价格也是较低的。直观地说，基于客户损害惩罚的情况，卡特尔不太倾向于降低价格，因为这会提高它们的产量，进而提高罚款。基于过高定价的惩罚模型就没有这样的产量效应，因为其中使用了若无产量作为基准。

为说明这一结果，卡特尔在面临过高定价的惩罚制度时，其目标函数为：

$$\frac{(p-c)D(p)-\tau^o(p-p^n)D(p^n)}{1-\delta}$$

当面临客户损害赔偿时，变为：

$$\frac{(p-c)D(p)-\tau^d(p-p^n)D(p^n)}{1-\delta}$$

出于说明这个实践的目的，我们允许执法力度在两种方案之间有所不同，正如参数 τ^o 和 τ^d 的不同所反映的。如果目标函数关于价格的偏导数在客户损害额处的值大于在过高定价处的值，那么基于客户损害制度的最优（无约束）价格就会更高。[1] 这个条件用数学公式表示就是，当且仅当（4.7）式成立时，上述结果成立。

$$\tau^o D(p^n)-\tau^d D(p)>\tau^d(p-c)D'(p) \tag{4.7}$$

给定 $D(p^n)>D(p)$，如果 $\tau^o=\tau^d$，则上式左边为正，右边为负，不等式成立。在相同程度的执法力度下，过高定价模型中的卡特尔最优价格更低。

但请注意，基于过高定价模型中的任何价格的基数都较高，因为产量较高。为了进行适当的比较，一种方法是调整执行力度，以使两种方案的预期惩罚力度相同：

$$\tau^d(p-c)D(p)=\tau^o(p-c)D(p^n)\Rightarrow\tau^d=\tau^o(D(p^n)/D(p)) \tag{4.8}$$

从（4.8）式求解出 τ^d 并将其代入（4.7）式，（4.7）式变为 $0>(D(p^n)/D(p))\cdot(p-c)D'(p)$，这显然是成立的。因此，即使在控制了惩罚水平之后，基于过高定

---

[1] 在客户损害赔偿的最优价格下，导数等于零，这意味着基于过高定价的罚款的导数是负的。这还意味着，在严格凹函数的设定下，卡特尔有动力设定更低的价格。

价的模型也会比基于客户损害的模型更多地限制定价。[1]

总而言之，作者的意思是："我们的分析可以得出，福利经济学绝对没有支持目前广泛使用的惩罚结构（主要基于营收收入）。基于过高定价的惩罚在福利上是更优的。"[2]

4.4 客户损害

从历史上看，美国对企业的主要惩罚形式是客户损害赔偿。虽然自 20 世纪 90 年代以来政府罚款已经具有相当规模，但对于涉及公共和私人执行的案件，客户损害赔偿金额可能更大。当然，只有私人诉讼时，基于客户损害赔偿的方案才是唯一的惩罚模式。欧盟的历史轨迹正好相反：政府罚款是企业惩罚的唯一来源，尽管现在对客户损害的私人执法已经慢慢出现。

关于客户损害，我们可以提出这样几个问题。第一，客户损害对福利的影响是什么？第二，如何定义客户损害？从实践上说，客户损害是消费者从卡特尔购买给定单位商品时的额外支出。然而，这并不等同于对消费者福利的损害，因为它忽略了由于价格较高而使消费者不再购买的那些商品所造成的福利损失。第三，谁应该收取这些赔偿金？是不是只有直接从卡特尔购买的消费者才有起诉的法律地位？是否所有受到损害的消费者都被允许领取赔偿金？

我们在 4.3 节讨论了第二个问题，虽然第三个问题尚未涉及，但与之相关的是，一些研究表明了客户损害是如何分布的，尤其是如何在直接购买者和间接购买者之间分摊。[3] 解决这两个问题的相关因素是公平和效率。公平是指应当补偿受到损害的消费者，例如，应当允许受到损害的间接购买者起诉。效率是指通过使卡特尔组

---

[1] 从客户补偿的角度看，基于过高定价的公式更准确，因为惩罚不仅取决于购买的数量 $D(p)$，而且取决于流失的产量 $D(p^n)-D(p)$，这在客户损害赔偿的模型中不会发生。

[2] Katsoulacos，Motchenkova 和 Ulph（2015b，79）。

[3] 参见 Verboven 和 van Dijk（2009）、Basso 和 Ross（2010），以及 Boone 和 Müller（2012）。一些相关研究模拟了反托拉斯案件中的私人诉讼，如 Briggs，Huryn 和 McBride（1996）、Bourjade，Rey 和 Seabright（2009），以及 Reuter（2012）。

织停工，以及阻止卡特尔形成的方式减少共谋造成的福利损失，例如放宽卡特尔运营时对产量的限制，鼓励生产。一般来说，从效率出发的考虑会建议从一个特别的角度定义损害赔偿金，使得客户损害及赔偿与卡特尔的增量利润联系更紧密，并且只允许直接购买者收取损害赔偿金，以便加强监督共谋和提起诉讼的动机。在美国，效率在客户损害赔偿政策中起到推动性的作用，这体现为允许三倍损害赔偿（促进威慑，尽管客户被过度补偿了），并且只允许直接购买者提起诉讼（至少在联邦层面）。相比之下，欧盟的重心在于公平，因为它只允许单一损害赔偿，并允许间接购买者收取损害赔偿以弥补所造成的损害。关于客户损害赔偿的适当设计的规范性分析仍有待完善。

现在让我们聚焦第一个问题：客户损害对福利的影响是什么？我还介绍了一些关于客户损害赔偿方案设计的有趣的漏洞和副产品，这些漏洞与方案正确的设计和实施有关。

□ 4.4.1 有经验客户下的福利效应

如果客户意识到共谋和受到损害的可能性，并将其纳入自己的购买决策中，那么客户损害对福利的影响是什么？为使这个问题具有相关性，最好考虑可能认识到共谋的行业买家及其起诉损害赔偿的可能性。值得注意的是，我们假设卡特尔意识到买家知道它的存在。

Salant（1987）以及 Baker（1988）的原始分析表明，无论卡特尔是否需要因为客户损害而受到惩罚，客户损害都是福利中性的，因为从某种意义上说，消费者受到的损害是相同的。这一结论的直觉如下。虽然卡特尔提高了价格，但消费者也提高了需求。他们知道，一旦发现自己受到损害，就可以收到相应数量的赔偿。因此，损害赔偿的作用就变得和补贴一样。认识到需求变得更高了，卡特尔会在高于垄断价格处定价，但依然卖出垄断时的数量，因为这部分由于预期损害赔偿而产生的额外需求恰好弥补了损害赔偿对卡特尔价格的抑制作用。消费者的福利与他们被要求不能起诉和赔偿时是一样的！

这种福利中性结果是在拥有完全信息的基础上得出的（特别是，客户知道有一个卡特尔，还知道他们会收到多少赔偿）。Besanko 和 Spulber（1990）在不完全信息下重新考虑这个问题。该模型类似于 Besanko 和 Spulber（1989）的模型，4.2 节已经对此进行了介绍，但政府的执法政策（关于何时调查和征收罚款）被客户行为取代（他们决定何时起诉并寻求客户损害赔偿）。

该模型设定是静态的，企业选择是竞争（导致价格等于成本）还是共谋（这意味着选择价格以最大化预期的联合利润）。鉴于企业的（一致）价格，客户决定购买多少。所呈现出的均衡中，企业总是形成一个卡特尔，这意味着客户会知道卡特尔的存在。然而，正如 Besanko 和 Spulber（1989）所述，他们不知道共同的边际成本，这是企业的私人信息。如果受到损害的客户起诉并打赢了官司，那么损害赔偿额总计 $\gamma(p-c)q$。尽管客户可以观察到价格 p，选择购买数量 q，并且知道罚款乘数 γ，但他们不知道边际成本 c，所以不能确切地知道能收到的赔偿数额。假定法律成本为 0，受到损害的客户则会以一个外生给定的概率 ρ 起诉并胜诉。

虽然消费者面临的不确定性并未影响其是否起诉的决定，但这会影响他们的需求量。由于知道自己能够起诉，消费者的需求会更高，这将部分中和共谋的福利损失后果。当卡特尔的边际成本为 c 时，消费者以价格 p 购买 q 单位，并在起诉时以概率 ρ 胜诉，此时消费者的净剩余为：

$$V(q)-pq+\rho\gamma(p-c)q=V(q)-([1-\rho\gamma]p+\rho\gamma c)q$$

消费者面临的有效价格是 $(1-\rho\gamma)p+\rho\gamma c$，因此客户损害赔偿再次起到补贴的作用，从而降低了价格（给定 $p>c$）。当定罪的可能性较高或罚款乘数较高时，可以看到需求对卡特尔定价的反应较小。

在这种情况下，福利中性的结果可能会崩塌，更具体地说，当有政策允许消费者起诉和收取损害赔偿时，总产出更高，消费者福利也会更高。私人信息的存在使得消费者试图从价格中推断成本。因此，卡特尔的价格越高将导致消费者推断出的成本也越高，这将进一步减少需求。需求的降低不仅是因为价格更高，而且是因为价格信号传递出的预期使可能的客户损害变得更低。如此一来，需求的价格弹性会更大，这又导致卡特尔设定的价格会低于完全信息时的价格。结果表明，如果 $\rho\gamma$ 超过一个临界值（如果企业发现共谋是最优的选择，$\rho\gamma$ 就不能太高），那么对于某些实际的成本水平，序贯均衡中的产量会超过垄断时的产量。因此，社会和消费者福利在客户损害存在时会更高。如果 $\rho\gamma$ 低于某个临界值，即执法力度足够弱，那么损害赔偿对产量和福利均没有影响，我们又回到福利中性的状态。

□ 4.4.2　间接购买者诉讼禁止和损害估计偏差

在美国，只允许直接购买者提起诉讼并要求赔偿。[①] 例如，如果有一个液晶显示器（LCD）制造商的卡特尔，那么智能手机制造商有权获得损害赔偿（因为它们直接从卡特尔成员处购买），但零售商店和最终消费者没有起诉权，因为他们是间接购买者。即使直接购买者有完整的成本转嫁，仍然只有直接购买者才能收取赔偿金。该政策的一个基本原理是，直接购买者具有最丰富的关于卡特尔的信息，通过最大限度地激励这些人，可以更有效地制约和阻止卡特尔的存续。

Schinkel，Tuinstra 和 Rüggeberg（2008）给出了一个关于禁止间接购买者起诉的不乐观的推论：可能不会有任何人对卡特尔提起诉讼，并且共谋的行为仍然有增无减。考虑一个向直接购买者出售生产原料的卡特尔，直接购买者使用该原料生产出售给最终消费者的最终产品。与 LCD 制造商的例子一样，假设每单位最终产品恰好需要一单位的原料投入，卡特尔可以通过与这些买家分享一些共谋租金来避免直接购买者提起诉讼。只要这些共享的租金的现值超过直接购买者可以在任何时刻得到的损害赔偿，那么最优的做法就是收买直接购买者，以使卡特尔存续，而不是遭到起诉索赔并终止共谋。只要提供足够充分的条件，使得有可能将租金共享，就可以劝阻购买者使其不再起诉，并在常规的均衡条件下满足卡特尔成员遵守的共谋条件。这种做法说到底，是卡特尔和直接购买者将损失转嫁给最终消费者，而自己从中得益。

然而，要使这种策略切合实际，实施环节至关重要。如果有证据表明直接购买者与卡特尔成员勾结，那么法律将允许间接购买者起诉。一个简单但有效的方案是：卡特尔提高投入品价格，并将提供给直接购买者的产品数量限制在他们的需求之下。

[①]　在联邦法院也是如此，但确实有大约一半的州允许间接购买者提起诉讼。

共谋理论和竞争政策

这种产量限制将用于限制最终产品的供给，从而人为地提高最终产品的价格。卡特尔通过销售定价更高的投入品而获益，并且直接购买者也会受益，因为投入品供应的限制使得最终产品的加价更高。最终消费者由于被人为提高的最终产品价格而受到损害。直接购买者不起诉（因为此时这不是最优的选择），而间接购买者不能起诉（因为他们没有法律支持）。如果任何购买者都可以起诉他们所受到的损害，那么这个计划就行不通：卡特尔不可能有足够的租金来贿赂所有购买者，因为卡特尔的利润增长低于购买者的总福利损失。

Harrington（2004b）发现了另一个关于客户损害赔偿的不那么乐观的副作用。有证据表明，卡特尔成员经常用来估计客户损害的方式可能导致企业在卡特尔解体后仍独立地将价格提高到竞争性定价水平之上，因此共谋结束之后，福利损害仍将持续存在。

在美国，计算客户损害的标准公式是 $(p^c - p^{bf})q^c$，其中，p^c 和 q^c 分别是卡特尔的定价和产量，而 p^{bf} 是可能发生的若无共谋的价格（简称若无价格）。p^c 和 q^c 的值可以观察到，但 p^{bf} 只能通过估计得出。一种常见的估算方法是使用卡特尔形成前和卡特尔形成后的数据。假设 $\hat{p}^{pre}$ 和 $\hat{p}^{post}$ 分别表示卡特尔形成前和卡特尔解体后的平均价格，若无价格是根据公式 $p^{bf} = \alpha \hat{p}^{post} + (1-\alpha)\hat{p}^{pre}$ 确定的，其中，α 是赋予卡特尔解体后的价格的权重（可能取决于卡特尔形成后相对于卡特尔形成前可用的数据量）。鉴于这种估算反事实价格的方法，卡特尔成员随后将支付赔偿金如下：

$$\gamma(p^c - p^{bf})q^c = \gamma(p^c - \alpha\hat{p}^{post} - (1-\alpha)\hat{p}^{pre})D(p^c)$$

卡特尔解体后的博弈中，有 n 家企业做出同时（且独立）的价格决策。企业 i 选择其定价以最大化其减去损害后产品市场的利润：

$$\pi_i(p_1, \cdots, p_i, \cdots, p_n) - \gamma[p^c - \alpha\hat{p}^{post} - (1-\alpha)\hat{p}^{pre}]D(p^c)$$

其中，

$$\hat{p}^{post} = (1/n)\left[p_i + (n-1)\sum_{j \neq i} p_j\right]$$

我们可以非常直观地得出，卡特尔解体后的"竞争性"价格会超过通常的序贯博弈纳什均衡下的价格。通过提高定价并提高卡特尔解体后的价格，单个企业可以使估计的若无价格更高，从而降低客户损害。福利损害将在卡特尔解体后继续存在。

4.5 宽恕政策

在美国，如果一个卡特尔成员第一个举报卡特尔并完全配合调查，那么司法部反托拉斯局的企业宽恕政策就会使这个卡特尔成员有机会避免政府惩罚。该政策自1993年修订以来，就收到了无数宽恕申请，一个个申请背后是一个个查处定罪的案件。在修订并开始接受申请不久之后，欧盟委员会于1996年制定了自己的宽恕政策，10年后，27个欧盟成员国中有24个有了自己的宽恕政策。在全球范围内，50多个国家和地区制定了自己的宽恕政策。

由于宽恕政策的广泛采纳和使用，有大量的且越来越多的学术研究工作考察了这些政策的方案和效果。Spagnolo（2008）最早对此进行了研究，并且此后相关文献不断增加。在讨论这一问题理论方面的研究时，有两大类问题被主要关注。第一，企业宽恕政策（CLP）对卡特尔的形成、存续时间、价格、定罪概率和预期的惩罚有何影响？第二，从阻止卡特尔形成、减少卡特尔存续时间和降低共谋价格的角度来看，该政策的最佳设计是什么？是应该免除所有惩罚，还是应该对部分宽恕处理？有多少企业可以获得宽恕处理？是否应该在调查之前提供宽恕处理？头目和累犯是否应该被取消获得宽恕处理的资格？[①]

宽恕政策可以在卡特尔组建时、卡特尔组织运作期间以及卡特尔解体后持续产生影响。在卡特尔解体后的阶段，该政策如何通过可能的自我举报来影响定罪概率？在卡特尔运作期间，一个关键的考虑因素是该政策如何影响设定共谋价格的收益（通过其对共谋价值的影响）和背叛的收益（通过其对卡特尔解体后预期惩罚的影响）。通过影响均衡条件，该政策会影响卡特尔可以维持的价格以及卡特尔的持续时间。该政策对共谋价格、卡特尔持续时间以及更一般的共谋价值的预期的作用将影

---

① 对于个人惩罚中的罚款和监禁，美国也有相应的个人宽恕政策。事实上，企业在宽恕处理上通常会给予所有员工个人层面的宽恕处理（尽管可能会有一些员工离职）。几乎所有宽恕政策的文献都专注于企业层面的宽恕，这就是本书此处涉及的内容。

响卡特尔是否形成。我们对卡特尔的三个阶段中的每个阶段进行研究：（1）在其形成之前，（2）在其存续期间，（3）在其解体之后。

□ 4.5.1 卡特尔解体后的阶段

我们假设一个卡特尔组织已经解体，在这种情况下，前卡特尔成员的唯一决定为是否申请宽恕处理。Harrington（2013a）对这一情形进行了考察，在其设定中，企业对申请宽恕处理的动力有不同的信息。考虑一个由两家企业组成的卡特尔，这两家企业独立决定是否申请宽恕处理，以尽量减少预期的惩罚。如果其中一家企业被查处并且没有得到宽恕处理，它将交一笔 $F > 0$ 的罚款。如果它得到了宽恕处理，那么罚款变成了 θF，其中，$\theta \in [0, 1)$。也就是说，宽恕程度越高，意味着 θ 越小。与申请宽恕处理的决定相关的是当没有企业成为宽恕受益人时竞争执法机构的定罪概率 ρ。从企业的角度来看，定罪概率 ρ 是随机变量。在做出宽恕决策之前，企业 i 接收关于 ρ 的私有信号 $s_i \in [\underline{s}, \overline{s}]$。在了解了它们的信号之后，两家企业同时决定是否申请宽恕处理。单个企业的策略空间形式为：$\phi: [\underline{s}, \overline{s}] \to \{申请, 不申请\}$。虽然企业 i 观察不到企业 j 的信号，但它会掌握一些信息，因为 s_i 和 s_j 是正相关的。令 $H(s_j \mid s_i)$ 为在企业 j 的信号上以企业 i 的信号为条件的企业 i 的累积分布函数。为表示企业信号间的正相关关系，假设 $s'' > s'$，则有 $H(\cdot \mid s_i = s'')$ 一阶弱随机占优于 $H(\cdot \mid s_i = s')$。对每家企业而言，更高的信号会使其认为其竞争对手的高信号概率更大。

如果只有一家企业申请宽恕处理，那么它会支付 θF 的罚款，而另一家企业支付 F 的罚款（因此，假设共谋的卡特尔成员确定会被定罪）。如果两家企业都申请宽恕处理，那么每家企业接受宽恕处理的概率是一样的，所以预期的罚款是 $\left(\frac{1+\theta}{2}\right) F$。如果没有企业申请宽恕处理，企业的定罪概率为 ρ，且均将支付罚款 F，这就意味着企业 i 预期的罚款金额为 $E[\rho \mid s_i] F$，其中，$E[\rho \mid s_i]$ 是以其自身信号为条件的 ρ 的期望。我们假设 $E[\rho \mid s_i]$ 是关于 s_i 的增函数。

总是存在一种均衡，在这种均衡中，两家企业都在不关心自身信号的情况下申请宽恕处理，因为当另一家企业有望这样做时，该企业会通过申请将其预期的罚款

从 F 降低到 $\left(\dfrac{1+\theta}{2}\right)F$。现在让我们转而关注帕累托有效的对称均衡。在这种情况下，当且仅当竞争执法机构起诉和对企业定罪的可能性足够高时，企业才申请宽恕处理，这意味着信号存在一个临界阈值，记为 x。即当且仅当 $s_i > x$ 时，$\phi(s_i)$ 表示申请。

在均衡中，当且仅当满足以下公式时，企业 1 申请宽恕处理。

$$\underbrace{E[\rho \mid s_1, s_2 \leqslant x] - \theta}_{\text{起诉效应}} > \underbrace{-\left(\frac{1-\theta}{2}\right)\left[\frac{1 - H(x \mid s_1)}{H(x \mid s_1)}\right]}_{\text{先制效应}} \tag{4.9}$$

上式左边叫作起诉效应（prosecution effect），表示有关竞争执法机构起诉成功的概率的信念（不使用宽恕程序时）。企业的期望是基于其自身接收到的信号，同时也是基于其竞争对手的信号低于均衡阈值 x，因而此时它选择不申请宽恕处理（否则 ρ 的值无关紧要了）。有了私人信号，任一企业不确定另一家企业会做什么。若企业 1 的信号非常低——表明被竞争执法机构揭露并起诉是不可能的，因此企业不应该申请宽恕处理（即起诉效果很弱）——这也就意味着企业 2 的信号可能很高。在这种情况下，企业 2 会申请宽恕处理。考察（4.9）式右边，即先制效应（preemption effect），注意到 $1 - H(x \mid s_1)$ 是对手以自身信号为条件申请宽恕处理的概率。它越高，（4.9）式就越有可能得到满足，这意味着申请宽恕处理是最佳的。企业申请宽恕处理的第二个原因完全独立于它是否认为会被竞争执法机构起诉。这种先制效应反映了企业对其对手先于自己拥有被竞争执法机构起诉的威胁信息之前申请宽恕处理的担忧。

如果宽恕政策足够仁慈（即 θ 足够低），则唯一且对称的贝叶斯-纳什均衡（当策略由临界阈值定义时）是对企业接收的所有信号都申请宽恕处理。无论宽恕政策多么仁慈，只要一些罚款没有被豁免（即 $\theta > 0$），企业 1 就有可能会收到一个足够微弱的信号，使其在竞争执法机构不起诉的情况下选择不申请宽恕处理，即 $E[\rho \mid s_1] < \theta$。当然，企业 1 也关注企业 2 申请的可能性。假设通过相同的论证，企业 2 需要一个非常微弱的信号才会不申请。即使企业 1 的信号非常弱，企业 1 也不会认为企业 2 的信号同样非常弱。给定企业 1 认为企业 2 可能申请，企业 1 就会认为其最佳策略也

是申请，无论其收到的信号如何。起诉效应可能非常微弱，但由于先制效应比较强，企业还是会申请宽恕处理。

现在试想将企业的私人信号公开，并且对上述均衡与该均衡进行比较，这对于制定一些相关的竞争政策是有启发性的。假设竞争执法机构对企业 1 和企业 2 进行突袭，并假设企业 i 关于竞争执法机构调查案件强度的私人信号 s_i 是基于竞争执法机构在突袭期间从该企业收集的相关证据，那么竞争执法机构应该与企业分享这些证据吗？也就是说，竞争执法机构是否希望信号 s_1 和 s_2 成为企业 1 和企业 2 的公共信息？分析表明，由于企业拥有私人信息时的先制效应，竞争执法机构不应该共享证据。Harrington（2012）提供了一个说明这一结论的例子。其假设被定罪的概率等于企业信号的总和，$\rho = s_1 + s_2$，其中，s_1 和 s_2 互相独立，都是在 $[0, 0.5]$ 上的均匀分布。当 $\theta < 0.715$（$\theta > 0.715$）时，使用私人信号进行定罪的概率高于（低于）信号为公共信息时的概率。只要宽恕政策足够仁慈，通过维持信念的不对称性，定罪的概率就会更高。

其他研究还考察了卡特尔解体后的策略性行为。Silbye（2010）假设 ρ 是共同知识，但允许每家企业拥有对方的违法证据。如果它申请宽恕处理，那么它可以提交给调查机构为另一家企业定罪。$\varepsilon_i \in [0, 1-\rho]$ 是企业 i 拥有的协助调查机构对企业 j 定罪的证据，它是企业 i 的私人信息。如果企业 i 得到宽恕处理，那么企业 j 的预期罚款是 $(\rho + \varepsilon_i)F$。同样假设企业之间没有私人信息，Gärtner（2013）考虑了一个连续时间的动态模型，其中，企业在时间 t 以概率 ρ^t 被定罪，ρ^t 遵循马尔科夫过程。人们可以将 ρ^t 的演变解释为案件被揭发的表征。企业面临一个等待的博弈：企业是应该抢先于其他企业举报，还是在沉默中等待并希望没有企业举报，同时寄希望于竞争执法机构无法将其查处？其模型的主要结果是所有企业都要立即举报或根本没人举报。对先发制人的担忧会使得企业在 ρ^t 达到某个临界值之前不会申请宽恕处理这一均衡不再出现。因为如果存在这样的均衡，当 ρ^t 刚刚低于该临界值时，企业就会申请，这与均衡矛盾。对该模型进行扩展从而使得企业拥有关于 ρ^t 的不对称信息将会非常有趣。

Sauvagnat（2015）在模型中引入了一个创新性的改变，即允许竞争执法机构拥有其私人信息并允许其策略性地决定是否展开调查。竞争执法机构接收私有信号——良好信号或不良信号。在接收良好信号的条件下，定罪概率（如果没有企业申请宽恕处理）为 ρ；在接收不良信号的条件下，定罪概率为零。在接收信号之后，若信号为良好信号，则竞争执法机构将启动调查。当信号为不良信号时，启动调查的概率为 ω。现在给定调查已经启动，企业同时决定是否申请宽恕处理。竞争执法机构在博弈开始阶段承诺实施策略（ω，θ），并且可以被所有人观察到。给定（ω，θ），如果激励相容，企业就会共谋。存在连续的异构市场，竞争执法机构选择（ω，θ）以最小化在任何时间被卡特尔化的行业的比例。均衡的关键性质为 ω 的最优值是最高值，这样就会诱导企业在被调查之后申请宽恕处理。注意到，如果 $\omega>0$，那么竞争执法机构仍会启动调查，即使竞争执法机构知道除非企业申请宽恕处理，否则它将无法被定罪。其目的是诱使企业申请宽恕处理——出于对竞争执法机构可能有足够的证据证明其有罪的担心（即信号良好）。设置过高的 ω 的问题在于它可以阻止企业申请，因为 ω 越高，竞争执法机构就越有可能在展开调查的条件下具备证据，即使证据很弱。进一步的研究为探讨竞争执法机构在卡特尔解体后可以发挥的策略性作用。

□ 4.5.2 卡特尔存续期

在回顾一些探讨宽恕政策对活跃期卡特尔行为的影响的研究之前，值得注意的是，文献中关于某些基本假设前提是存在分歧的。关于拓展的形式，一些论文假设企业在可能展开的调查之前进行定价，而其他论文正好相反，假设企业在选择价格之前了解到可能进行的调查。给定调查期是足够持久的，价格也是很容易改变的，后一种假设似乎就更自然，尽管最好的拓展形式是允许在调查之前和之后企业都能选择其价格（Chen 和 Rey，2013）。对于企业的最优化问题，当它考虑偏离共谋价格时，一些研究不允许企业同时背叛并申请宽恕处理。客观来讲，似乎没有理由排除这种可能性。此外，一些研究认为，一家背叛的企业不会受到起诉和惩罚。这种假设与一般的司法实践相悖，后者往往将责任归咎于企业间协调价格的或明或暗的协议，而不管企业是否遵循该协议。

执行中的变化 Harrington（2008b）探讨了申请宽恕处理的动机，并得出了在定罪可能性随时间变化时最佳的宽恕程度。考虑一个拥有 n 家企业的行业，这些企业以共谋利润 π^c 进行无限期重复的囚徒困境博弈。假设它们已经共谋，竞争执法机构以概率 $\omega \in (0, 1]$ 展开调查。在调查的情况下，ρ 是根据累积分布函数 G 随机抽取的，它是卡特尔被调查和定罪的概率（在没有人自告奋勇争取宽恕处理的情况下）。ρ 在一个博弈阶段开始时（当有调查时）变为已实现的确定量，并且在企业决定是否串通以及是否寻求宽恕处理之前就是企业的共同知识。如果企业申请宽恕处理，则卡特尔会被调查并被定罪。接受宽恕处理的企业支付 θF 的罚款，其中，$\theta \in [0, 1]$。如果有 m 家企业同时决定申请，那么每家企业都有预期的罚款 $\left(\dfrac{m-1}{m}\right)F + \left(\dfrac{1}{m}\right)\theta F$。如果没有企业申请宽恕处理，那么卡特尔将以概率 ρ 被查处，每家企业支付 F 的罚款并在所有未来营业期获得非共谋利润 π^n；相应地，卡特尔未被查处的概率为 $1-\rho$，然后继续保持原来的博弈。只要卡特尔依然存在，就有概率 ρ 被调查。与 Gärtner（2013）相比，ρ 相对于时间是独立同分布的。

该分析侧重于一类具有以下特性的子博弈完美均衡。首先，降低价格的背叛行为会使博弈回归无限期的静态纳什均衡，并且其也会因此受到惩罚。其次，存在一个临界值 ρ^o 使得：如果 $\rho \in [0, \rho^o]$，那么企业设定共谋价格；如果 $\rho \in (\rho^o, 1]$，那么企业设定竞争价格。此外，当 $\rho \in (\theta, 1)$ 时，企业申请宽恕处理。使卡特尔解体的临界值 ρ^o 作为均衡的一部分而内生决定。

约束均衡条件是当存在竞争执法机构的调查时，$\rho \in [0, \rho^o]$，且企业形成共谋。

$$\pi^c + \delta(1-\rho)E[V^c \mid \rho^o, \theta] + \delta\rho(V^n - F) \geqslant \pi^d + \delta V^n - \delta\min\{\rho, \theta\}F$$

其中，π^d 是背叛获得的利润，$V^n \equiv \pi^n/(1-\delta)$。若继续共谋，则预期收益为 $E[V^c \mid \rho^o, \theta]$，由下式递归得出：

$$E[V^c \mid \rho^o, \theta] = (1-\omega)V^c(0, \rho^o, \theta) + \omega\int_0^1 V^c(\rho, \rho^o, \theta)\mathrm{d}G(\rho)$$

其中，

$$V^c(\rho,\rho^o,\theta)=\begin{cases}\pi^c+\delta(1-\rho)E\left[V^c\mid\rho^o,\theta\right]+\delta\rho(V^n-F),\text{ 如果 }0\leqslant\rho\leqslant\rho^o\\[2mm]V^n-\rho\delta F,\text{ 如果 }\rho^o<\rho\text{ 且 }\rho\leqslant\theta\\[2mm]V^n-\left(\dfrac{n-1+\theta}{n}\right)\delta F,\text{ 如果 }\rho^o<\rho\text{ 且 }\theta<\rho\end{cases}$$

当 $\rho\leqslant\rho^o$ 时，企业继续共谋，如果它们逃避定罪，那么它们未来会再次共谋并获得未来的预期收益 $E\left[V^c\mid\rho^o,\theta\right]$。如果 $\rho>\rho^o$，那么卡特尔会解体，因此企业可以获得非共谋收益 V^n。如果卡特尔解体且 $\rho\leqslant\theta$，那么它们会预期支付 ρF 的罚款。如果 $\rho>\theta$，那么它们竞相申请宽恕处理，预期罚款为 $\left(\dfrac{n-1+\theta}{n}\right)F$。

均衡状态要求企业在 $\rho\leqslant\rho^o$ 时共谋是最优的。如果 ω 足够接近零且 δ 足够接近 1，则共谋均衡是存在的。重点是具有最高共谋价值的均衡，它是具有最高平均卡特尔存续时间［即 ρ^o 的最高均衡值，记为 $\overline{\rho}(\theta)$］的均衡。竞争执法机构选择宽恕处理，即 $\theta\in[0,1]$，以最小化卡特尔的平均存续时间 $\dfrac{1}{1-(1-\omega)G(\overline{\rho}(\theta))}$。

现在我们进一步理解 θ 如何影响 $\overline{\rho}(\theta)$，进而影响卡特尔的稳定性。考虑 θ 的值使得 $\theta<\overline{\rho}(\theta)$。当 $\rho=\overline{\rho}(\theta)$ 时，企业会考虑背叛，并且将申请宽恕处理，因为这样做会将预期罚款从 $\overline{\rho}(\theta)F$ 降到 θF。因此，降低 θ（即宽恕政策更仁慈）减少了背叛者所支付的罚金，从而增加了背叛的收益。这种效应被称为背叛者特赦效应（deviator amnesty effect），可以使达成共谋更加困难。然而，降低 θ 会增加共谋的收益，从而使共谋变得更加困难，这也是事实。虽然 θ 不影响当期的共谋利润，但它会影响预期的共谋收益。企业会意识到，在未来的某些时期，ρ 可能会超过 $\overline{\rho}(\theta)$。在这种情况下，被查处的可能性足够高，以至于它们会停止共谋，而且企业也会申请宽恕处理。这时的预期罚款是 $\left(\dfrac{n-1+\theta}{n}\right)F$，它随 θ 的增加而增加。这种效应被称为卡特尔特赦效应（cartel amnesty effect）。其含义是，若继续共谋，较低的 θ 值会降低未来预期罚款的现值，从而提高共谋的价值。这些效应出现在 Motta 和 Polo（2003）、Ellis 和 Wilson（2001）以及 Spagnolo（2003）的开创性工作中。

由于背叛者特赦效应提高了背叛的收益，而卡特尔特赦效应提高了共谋的收益，它们在相反的方向上影响共谋的动力。然而，不难看出背叛者特赦效应的影响更大，

因此对于较低的 θ 值，共谋更加困难。原因是 θ 对背叛者惩罚的边际效应是 $-F$，因为这个背叛者将是唯一申请宽恕处理的企业。卡特尔特赦效应涉及在未来以某种可能性使用宽恕政策（因此边际效应会较小）。此外，卡特尔特赦效应假定所有卡特尔成员都申请该政策，因此在这种情况下边际效应为 $-F/n$。总而言之，如果只有这种效应起作用，那么很明显，更宽松的宽恕政策使得共谋更加困难。

现在考虑 θ 的值使得 $\theta > \bar{\rho}(\theta)$。$\theta$ 的边际变化对背叛者的收益没有影响，因为边际类型的企业 $\rho = \bar{\rho}(\theta)$ 不会申请宽恕处理，这样的企业更倾向于接受预期的罚款 $\bar{\rho}(\theta)F$，而不是一笔确定的罚款 θF。背叛者特赦效应就不存在了。改变 θ 对均衡条件的影响被归结为它对预期的共谋收益的影响。如果卡特尔特赦效应是唯一起作用的力量，那么降低 θ 会提高共谋的收益，并且由于它使得背叛者的收益不受影响，共谋会变得更容易。更宽松的政策会增强卡特尔的稳定性，而这与该政策想要达到的目的相反。

然而，还有一种效应反而导致共谋收益随 θ 的上升而提高，它被称作争先上庭效应（race to the courthouse effect）。回想一下，当 $\rho > \bar{\rho}(\theta)$ 时，卡特尔会停止共谋行为，但只有当 $\rho > \theta (> \bar{\rho}(\theta))$ 时，才申请宽恕处理。我们考虑一个卡特尔成员在 $\rho > \bar{\rho}(\theta)$ 时的预期罚款情况：

$$\text{预期罚款} = \begin{cases} \rho F, & \text{如果 } \rho \in (\bar{\rho}(\theta), \theta] \\ \left(\dfrac{n-1+\theta}{n}\right)F, & \text{如果 } \rho \in (\theta, 1] \end{cases}$$

因为 $\left(\dfrac{n-1+\theta}{n}\right)F > \theta F$，函数在 $\rho = \theta$ 处不连续。ρ 一旦超过 θ，即使没有其他企业这样做，一家企业最好的策略也是申请宽恕处理。这一结论对所有企业都成立，所以当 $\rho \in (\bar{\rho}(\theta), \theta]$ 时，没有企业申请宽恕处理，而当 $\rho \in (\theta, 1]$ 时，情况变为所有企业都申请宽恕处理，导致预期罚款从 θF 到 $\left(\dfrac{n-1+\theta}{n}\right)F$ 的非连续增加。因此，更仁慈的宽恕政策可能导致企业"争先上庭"申请宽恕处理，这增加了预期罚款，也就降低了预期的共谋收益。总之，卡特尔特赦效应和争先上庭效应互相抵消，并不能立即明确给出更仁慈的政策会带来什么效果。

考虑到背叛者特赦效应、卡特尔特赦效应和争先上庭效应，当 G 是弱凹函数的时候，可以证明竞争执法机构最佳的政策是提供最仁慈的宽恕政策，即 $\theta^* = 0$。虽然可以找到一些部分赦免是最优的例子，但在最合理的条件下，最优政策依然是最仁慈的政策。[①]

调查前和调查后的宽恕政策　Chen 和 Rey（2013）的一个重点是考虑是否允许企业只有在调查开始之前才能申请并获得宽恕处理的决定。有些政策（例如欧盟的宽恕政策）在调查后给予较少的宽恕，而其他政策（例如美国的政策）在调查前后的宽恕额度并无不同，但总的来看，许多政策都允许调查前后的宽恕。

考虑囚徒困境的一个特例：有两个价格的伯特兰价格博弈，在这种情况下，$\pi^n = 0$ 且 $\pi^d = n\pi^c$。如果企业之间共谋，那么扩展形式的博弈使每家企业决定是设定共谋价格还是降价，以及是否申请宽恕处理（这将在调查前完成）。卡特尔展开调查的概率为 ω，此时企业再次决定是否申请宽恕处理（如果该政策在调查开始后允许申请宽恕处理）。如果一家或多家企业申请宽恕处理，那么确定会被定罪。如果没有人申请，则定罪的概率为 ρ（此时调查已经开始）。在调查开始之前（之后）接受宽恕处理的企业支付部分罚款 $\theta_b(\theta_a)$。假设被定罪的卡特尔立即整改。最后，假设行业之间 π^c 不同，其余部分是相同的。这种异质性意味着，对于给定的政策，共谋只在某些行业中是稳定的。竞争执法机构的目标是最小化行业集合（即 π^c 的值集合），使得共谋稳定。

当企业在调查开始之前或之后都不申请宽恕处理时，共谋的收益是 $\dfrac{\pi^c - \omega\rho F}{1-\delta}$。如果它是企业共谋而不举报的均衡，那么此时的收益必须至少与削价时的收益或下列条件之一的收益一样高：（1）不申请宽恕处理，收益为 $n\pi^c - \omega\rho F$；（2）在调查前申请宽恕处理，收益为 $n\pi^c - \theta_b F$；（3）如果有调查则申请宽恕处理，支付金额为 $n\pi^c - \omega\theta_a F$。此外，在进行调查时，企业必须倾向于共谋而不举报并申请宽恕处理，这需要的条件是 $-\rho F + \delta\left(\dfrac{\pi^c - \omega\rho F}{1-\delta}\right) \geqslant -\theta_b F$。请注意，宽恕不会影响共谋收益，只

① Park（2014）给出了一个采购拍卖的模型，其中包含出价为连续统的设定，并发现争先上庭效应消失了。这个结果意味着完全宽恕总是最优的。

会提高背叛的收益，因此宽恕政策收紧了均衡条件，从而使共谋更加困难。也就是说，当存在宽恕政策时，共谋且不举报是对应较小的一个 π^c 的集合的均衡。

接下来考虑企业在调查之前共谋且有举报的均衡。共谋的收益是：

$$\frac{\pi^c-\left(\frac{n-1+\theta_b}{n}\right)F}{1-\delta}$$

唯一的背叛行为是在仍然申请宽恕处理的同时降低价格，而此时收益是 $n\pi^c-\left(\frac{n-1+\theta_b}{n}\right)F$。则均衡条件可表示为：

$$\pi^c\geqslant\frac{\delta\left(\frac{n-1+\theta_b}{n}\right)F}{1-n(1-\delta)}$$

若 $\frac{n-1+\theta_b}{n}<\omega\rho$，则卡特尔成员更愿意举报，因此更仁慈的宽恕政策降低了预期罚款，鼓励了共谋。

当宽恕政策只能在调查之前申请时（即 $\theta_a=1$），提供一些调查前的宽恕处理（$\theta_b<1$）是最佳的——若均衡条件下企业不举报从而破坏了边缘卡特尔成员的稳定位置，则增强了背叛的动力——但并不应那么仁慈，以至于卡特尔在调查前就必定申请宽恕处理成为一个均衡（这将帮助更多的卡特尔更加稳定）。现实中，后一种效应不太可能是相关的，因为它需要 $\omega\rho>1/2$，这似乎过于极端。

现在考虑在调查开始后提供宽恕处理申请时的最佳宽恕政策设计。对于企业而言，有更多的背叛策略，例如，企业可以削减价格，但只有在调查启动时才申请宽恕处理。当然，也有更多的共谋策略，例如，所有企业在调查时都申请宽恕处理。考虑这样一种策略，在这种策略中，企业之间共谋，但在调查开始之前或之后都不会举报。当调查开始后申请宽恕处理的预期罚款小于调查开始前申请宽恕处理的罚款时，即 $\omega\theta_a<\theta_b$，调查开始后获得宽恕处理的可能性会提高背叛的收益。由于背叛者的收益较高（当共谋收益不变时），调查开始后获得宽恕处理的可能性会破坏边缘卡特尔成员的稳定性。但是，必须注意共谋并举报（当有调查时）并不是一个有

吸引力的策略。当下式成立时，它的收益低于不举报时的共谋收益：

$$\frac{\pi^c - \omega\rho F}{1-\delta} \geqslant \frac{\pi^c - \omega\left(\frac{n-1+\theta_a}{n}\right)F}{1-\delta} \Rightarrow \theta_a > 1 - n(1-\rho)$$

将调查后鼓励背叛者举报的条件与阻止卡特尔在接受调查后举报的条件相结合，我们得到$\frac{\theta_b}{\omega} > \theta_a > 1 - n(1-\rho)$。结果表明，如果调查不可能使卡特尔成员被定罪（即$\rho$很低），那么调查后提供宽恕处理（即$\theta_a < 1$）可能会由于激励某些企业在受到调查时背叛并举报而降低卡特尔组织的稳定性，同时不会导致当整个行业受到调查时企业形成共谋并举报。

□ 4.5.3　卡特尔形成前的阶段

一个尚未讨论过的问题是宽恕和不宽恕政策如何相互影响。到目前为止，非宽恕执法已经由参数σ（或$\omega\rho$）表示，该参数是调查、起诉和定罪的概率。卡特尔成员只有在认为申请宽恕处理比冒着被抓住和被定罪的风险更好的情况下才会去申请，因此非宽恕执法是该政策中不可或缺的一部分。如果σ很低，那么企业就不会倾向于申请该政策；如果σ很高，那么卡特尔成员将争先申请宽恕处理。此外，人们也会很自然地认为，引入该政策会改变非宽恕执法的力度。该政策可能导致竞争执法机构中的稀缺资源和办案注意力从非宽恕执法转向宽恕执法。但是，这并不一定意味着不宽恕政策的执法力度变弱了。如果该政策导致卡特尔数量减少，那么非宽恕卡特尔案件就会减少，在这种情况下，当局可能有足够的资源来有效地起诉它们。此外，竞争执法机构可以根据申请宽恕处理案件数量的变化来调整其执行策略。因此，虽然我们预计在该政策存在时非宽恕执法会有所变化，但尚不清楚执法是否因此会被削弱或加强。

Harrington 和 Chang（2015）建立并探讨了一个理论框架，以了解该政策在什么条件下可以有效减少卡特尔的数量，同时考虑到它们对传统执法方式的影响。该模型通过引入宽恕政策重新讨论了在 Harrington 和 Chang（2009）中介绍过的生灭过程（birth-and-death process），将非宽恕执法的强度内生化，并允许竞争执法机构决定其接受的案件数量。在继续之前，读者应该已经读完 3.1.2 节。

在 Harrington 和 Chang（2009）中，σ 本来是一个外生参数，现在是内生化的。首先要注意的是，σ 是三个事件的复合概率：（1）竞争执法机构揭露卡特尔，（2）竞争执法机构决定起诉，（3）竞争执法机构成功起诉并惩罚。假设揭露卡特尔的概率 $q \in (0，1)$ 是外生的。在举报的案件中，竞争执法机构能够控制哪些需要展开调查，哪些不需要，用 $r \in (0，1]$ 表示。并且，在揭露并起诉的案件中，竞争执法机构能够成功起诉并惩罚比例为 $s \in [0，1]$ 的案件。假设胜诉的比例等于 $\nu: [0，1] \rightarrow [0，1]$。比例 ν 是竞争执法机构案件数量的连续递减函数，其取决于宽恕处理的案件总量 L 和非宽恕处理的案件总量 R。竞争执法机构的案件数量是 $\lambda L + R$，其中，$\lambda \in (0，1]$，因为宽恕案件可能比没有告密者的案件占用更少的资源。总体上看，卡特尔支付罚款的概率是 $\sigma = q \times r \times s = q \times r \times \nu(\lambda L + R)$。这一结果对 r 是稳健的（只要 $r > 0$），我们可以假设竞争执法机构选择其案件数量来最小化行业中被卡特尔化的比例。

构建一个均衡需要三步。前两步如下。[①]

第一步：给定 σ，解出 η 类型行业的均衡共谋行为，这相当于在当且仅当随机市场条件 π 超过 $\phi^*(\sigma，\eta)$ 的条件下解出使得卡特尔解体的临界值 $\phi^*(\sigma，\eta)$。由于 π 具有累积分布函数 H，因此卡特尔解体的概率为 $1 - H(\phi^*(\sigma，\eta))$。

第二步：给定 σ 和 $\phi^*(\sigma，\eta)$，解出 η 类型行业集合的均衡卡特尔率 $C(\sigma，\eta)$。在所描述的均衡中，当卡特尔解体时宽恕政策使用得最多，因此该政策本身并不会使活跃的卡特尔解体。给定卡特尔产生时具有外生概率 κ，当 $\pi > \phi^*(\sigma，\eta)$ 或它被调查和定罪（以概率 σ 发生）时解体，我们可以据此构建一个卡特尔从诞生到解体的马尔科夫过程。在该过程中，η 类型行业的稳定部分是 $C(\sigma，\eta)$。将 $C(\sigma，\eta)$ 整合到 η 类型行业中，并使用关于 η 的累积分布函数 G，我们可以推导出总卡特尔率 $C(\sigma)$。

在给定的 σ 值下导出稳态卡特尔集合之后，我们可以定义由该政策产生的卡特

---

① 这些步骤在以 Harrington 和 Chang（2009）为基础的 3.1.2 节中有更详细的描述。

尔案件的总数。如果 $\theta < \sigma$，那么相对于非宽恕执法，宽恕政策会相当仁慈，即在卡特尔解体时，所有企业都会争先申请宽恕处理。宽恕处理的案件总数是：

$$L(\sigma) = \int_{\underline{\eta}}^{\overline{\eta}} [1 - H(\phi^*(\sigma, \eta))] C(\sigma, \eta) G'(\eta) \mathrm{d}\eta$$

如果 $\sigma \leqslant \theta$，则申请宽恕不是最佳策略，因此 $L(\sigma) = 0$。在不申请宽恕政策的情况下产生的卡特尔案件的总数是：

$$R(\sigma) = qr(C(\sigma) - L(\sigma))$$

$$= \begin{cases} qrC(\sigma)，如果 \sigma \leqslant \theta \\ qr \int_{\underline{\eta}}^{\overline{\eta}} H(\phi^*(\sigma, \eta)) C(\sigma, \eta) G'(\eta) \mathrm{d}\eta，如果 \theta < \sigma \end{cases}$$

如果从未申请该政策（当 $\sigma \leqslant \theta$ 时），那么由竞争执法机构经手处理的案件总数是 $qrC(\sigma)$。相反，如果 $\theta < \sigma$，那么濒临解体的卡特尔申请宽恕处理，被抓住的卡特尔就是当前没有解体的卡特尔，即 $\int_{\underline{\eta}}^{\overline{\eta}} H(\phi^*(\sigma, \eta)) C(\sigma, \eta) G'(\eta) \mathrm{d}\eta$。

第三步：给定 $C(\sigma)$，解出 σ 的均衡值，用 σ^* 表示。竞争执法机构调查成功的概率 $\nu(\lambda L + R)$ 取决于其案件数量，而案件数量又取决于有多少卡特尔，而卡特尔的数量又取决于 σ。因此，σ^* 是一个不动点：$\sigma^* = qr\nu[\lambda L(\sigma^*) + R(\sigma^*)]$。导出 σ^* 后，均衡卡特尔率为 $C(\sigma^*)$。

作为描述结果的第一步，考虑宽恕政策在保持非宽恕执法力度不变下如何影响卡特尔率 $C(\sigma)$。让我们对卡特尔率与没有宽恕时的情况［表示为 $C_{NL}(\sigma)$］进行比较，将完全宽恕处理的情况（$\theta = 1$）记作 $C_L(\sigma)$。在一般条件下，可以证明 $C_{NL}(\sigma) > C_L(\sigma)$。因此，对于任何级别的非宽恕执法 σ，宽恕政策的卡特尔率较低。推理过程类似于 4.5.2 节中描述的情况。

当非宽恕执法内生化时，一个应该提出的核心问题是：宽恕政策会不会适得其反，提高了卡特尔率？如果是这样，那么哪些政策能作为有益补充，使该政策更有可能降低卡特尔形成的概率？如果惩罚不是太严重（即 γ 较低，总罚金等于 γ 乘以共谋行为带来的额外收益），并且通过宽恕案件的起诉而节省的资源不够多（即 $\lambda > qr$），那么引入宽恕政策就会提高卡特尔率。要了解产生此结果的深层次原因，首先要注意宽恕政策可以通过关停活跃的卡特尔组织以及阻止新卡特尔形成来影响卡特尔率。宽恕政策可能会产生一些反常的影响，因为虽然它通常会增强对卡特尔的威慑，但它实际上可以导致被关停的卡特尔变少。

在引入宽恕政策之前，竞争执法机构通过使用非宽恕执法的手段去揭露、调查、起诉、定罪卡特尔。虽然一些被定罪的卡特尔恰好会内部解体，但其中也有许多企业会活跃起来，在这种情况下，它们会被起诉和定罪以至于将卡特尔组织关停。若引入宽恕政策，当卡特尔解体后，其成员会申请宽恕处理，而这些申请宽恕处理的案件构成了竞争执法机构案件数量的一部分。特别值得注意的是，宽恕的案件来自濒临解体的卡特尔，因此对它们的起诉不会关停活跃的卡特尔。这些宽恕的案件增加了竞争执法机构的案件数量，从而导致针对非宽恕案件起诉的胜诉率降低。如果这种情况导致定罪，则会阻止活跃的卡特尔解体。从本质上讲，宽恕案件（不关闭活跃的卡特尔）挤出了非宽恕案件（通常会关闭活跃的卡特尔）。如果宽恕处理案件在起诉资源方面没有太大的节省（即 λ 小于 1 但不足够小），那么这种挤出效应是显著的，结果是当存在宽恕政策时关闭的卡特尔就会减少。然而，这还不是最终结果。由于宽恕政策的存在，一个濒临解体的卡特尔现在一定会支付罚款，因为其中一名成员将申请宽恕处理并帮助竞争执法机构对卡特尔定罪。相比之下，如果没有宽恕政策，这些卡特尔中只有一小部分会被揭露并受到惩罚。因此，宽恕政策提高了一个卡特尔在其终结时的预期惩罚，这有助于阻止一些卡特尔的形成。但是，如果惩罚力度不够大（即 γ 不够大），那么由于宽恕政策而被阻止的卡特尔相对于被关停的活跃卡特尔数目的下降还是太少了，因为宽恕案件挤掉了非宽恕案件。这些因素的净效应是，卡特尔率更高了。因此，尽管宽恕政策在提出了允许宽恕处理申请这一意义上显然"有效"，但实际上有些适得其反，因为潜在的卡特尔率变得更高了。

与这种反常影响相关的另一个有用的发现是宽恕政策会对各行业产生不同的影响。宽恕政策的引入会使最稳定的卡特尔的持续时间更长（当 η 低时），同时缩短最不稳定的卡特尔的持续时间或关闭它们（当 η 高时）。要了解使宽恕政策对不同行业产生差异化影响的因素，请回想一下，只有濒临解体的卡特尔会申请宽恕处理。一旦市场条件使得共谋不再具有激励相容性，企业就会停止共谋并争先申请宽恕处理。宽恕政策确保了卡特尔在解体时被定罪，预期的罚款则更高。同时，宽恕处理的申请会通过降低在宽恕政策之外被起诉和定罪的可能性来削弱不宽恕执法的力度。总之，宽恕政策下的预期罚款可以更高，而在该政策之外则更低。这些效应中哪些效应更重要，取决于行业的类型。市场条件支持相对不稳定的卡特尔行业中的企业知道，卡特尔很可能会在内部解体，从而引发企业争先申请宽恕处理。这些卡特尔将受到来自宽恕政策的更高惩罚，因此它们的状况更糟。相比之下，市场条件支持相对稳定的卡特尔行业中的企业不太关心宽恕的竞争，因为卡特尔不太可能解体。更加关注高度稳定的卡特尔的是非宽恕执法政策，如果它由于宽恕政策的挤出效应而变得更弱，预期的罚款实际上会更低。因此，市场环境更适合产生共谋。

Harrington 和 Chang（2015）也给出了使宽恕政策具有降低卡特尔率的预期效果的充分条件。如果罚款很高（即 γ 很高），并且获得宽恕处理的案件被处理得非常迅速，使得它们节省出足够的办案资源（即 λ 很低），那么宽恕政策将降低卡特尔率。更严厉的惩罚增强了与使得卡特尔解体的惩罚相关的威慑效果，这可以抵消一些使更少的卡特尔关闭的效果。如果处理宽恕案件需要的资源更少，则会减少对非宽恕执法的挤出，这甚至会导致当存在宽恕政策时，非宽恕执法也变得更强。

□ 4.5.4 多市场共谋

当共谋的企业向多个市场供应产品时，在宽恕政策的影响和设计上会出现一些特殊问题，这是一个相当典型的现象。一个例子是产品制造商形成在不同地域市场运营的卡特尔（例如，在不同国家销售的全球卡特尔）。正如在 Bernheim 和 Whinston（1990）中涉及的，多市场接触可以通过将一个市场中紧约束条件下的均衡共谋行为和另一个市场中松约束条件下的均衡共谋行为结合起来，促进共谋的发生。因此，前一个市场中会有更多的共谋行为，同时后一个市场中的共谋程度也不会降低。当这些市场在不同的司法管辖区内有自己的宽恕政策时，Choi 和 Gerlach（2012a）表明，宽恕政策对均衡条件的影响因类似原因而减少。当企业不存在多市场接触时，假设唯一的均衡总是让企业在被调查时申请宽恕处理。如果它们将不同的市场联系起来，且在不同的司法管辖区展开调查，那么均衡条件现在可以让企业只在一个市场申请宽恕处理。我们可以发现竞争执法机构公开信息的一些潜在好处。虽然公开有助于展开调查的信息（或在调查时被定罪）使得共谋更加困难，但是公开有关宽恕处理申请人的信息并不总是有益的。如果在一个司法管辖区申请宽恕处理的企业知道它将会在第二个司法管辖区内被提起诉讼，则它会考虑在两个地方都申请或者都不申请。如果非宽恕执法力度适度降低，那么企业在两个司法管辖区都不会申请宽恕处理，而如果竞争执法机构不公开有关宽恕处理申请人的私密信息，那么企业就会在其中一个市场申请宽恕处理。在这种情况下，宽恕政策的效力会降低，虽然在其他情况下可以加强。①

当企业参与组成不同产品市场的卡特尔时，例如维生素卡特尔，其中包含十几种产品，也会出现多个市场的共谋。Marshall，Marx 和 Mezzetti（2015）研究了在这种设定下的情况，其重点是美国宽恕政策的一个特殊特征，即附加惩罚（penalty plus）。如果在其中一个市场的共谋调查过程中，一家企业不承认其参与其他卡特尔而其他卡特尔随后被揭露，那么该企业就会失去（或可能会失去）申请宽恕的权利。附加惩罚政策可以降低目前未经审查的卡特尔的定罪可能性。直觉如下。假设目前正在市场Ⅰ中进行调查。在附加惩罚政策下，企业被要求披露它们所参与的任何卡特尔组织。在这种情况下，有可能竞争执法机构会发现该企业参与了其余的卡特尔组织，在这些其余的卡特尔中被揭露和定罪的可能性足够低，以至于企业会拒绝透露它们。给定附加惩罚政策可以防止企业在其他市场被调查时使用宽恕处理，宽恕政策现在对目前尚未揭露的卡特尔无能为力。因此，对市场Ⅰ的调查降低了市场Ⅱ中卡特尔被定罪的可能性。然而，有一种补偿效应，即附加惩罚政策可以使企业更倾向于在市场Ⅰ中申请宽恕处理。

基于这种理解，Marshall，Marx 和 Mezzetti（2015）认为企业可以策略性地与宽恕政策进行博弈。考虑一种情况，企业主要想要在市场Ⅰ中进行共谋活动。然后它们可能在一些小市场（可记作市场Ⅱ）中共谋，并在这些小市场中申请宽恕处理，

---

① Choi 和 Gerlach（2012b，2013）探讨了在多个地域市场运营的卡特尔的其他问题。

而不报告它们在市场Ⅰ中的共谋。这样，宽恕政策相对于市场Ⅰ被中和了，这使共谋更加稳定。然而，该模型遗漏了一个关键因素，即调查溢出效应。由于"卡特尔概况分析"的存在，在市场Ⅰ中调查概率会因为在市场Ⅱ中的共谋行为而更高，反垄断部门"将针对我们怀疑的相邻市场中的卡特尔活动，或包含其他行业中卡特尔成员的行业展开积极调查"[①]。

美国宽恕政策与多市场卡特尔有关的另一个特点是附加宽恕（amnesty plus）。如果一家企业因为在市场Ⅰ中共谋而没有得到宽恕处理，然而报告了其参与市场Ⅱ的共谋活动，那么它就会在市场Ⅱ中得到宽恕处理并且在市场Ⅰ中的罚款会减少。Lefouili 和 Roux（2012）在 Chen 和 Rey（2013）的基础上进行了改进，利用博弈的扩展形式来探讨附加宽恕政策的一些影响。如果企业在两个市场中都参与共谋并且不在这些市场申请宽恕处理，那么该企业在每个市场中都有可能被定罪。附加宽恕政策涉及发生在单个市场的定罪情况，例如定罪发生在市场Ⅰ而不是市场Ⅱ中。在这种情况下，多家企业同时决定是否申请在市场Ⅱ中宽恕处理。如果一家企业获得宽恕处理，则在市场Ⅱ中共谋的行为不会受到任何惩罚，并且在市场Ⅰ中的罚款会获得数额为 R 的减免。[②] 附加宽恕政策对共谋有两种相反的效果。正如它想要达到的，它减少了下一个尚未揭露的卡特尔的存续时间，因为它在经济上加强了对申请宽恕的激励。然而，它有一个不利的影响，即附加宽恕政策削弱了对卡特尔的威慑力——更具体地说，它在一定程度上鼓励了多市场共谋——因为初步定罪后卡特尔共谋并自我举报的预期利润更高。也就是说，附加宽恕政策可以有效地查处并关停活跃的卡特尔，但对阻止卡特尔的形成并没有多大效用。

□ 4.5.5　身份资格和其他问题

宽恕政策更具争议的一个方面在于可行性，以及是否应禁止发起者（或头目）[③]

---

① Hammond（2004，15）.
② 这相当于给予举报参与第二个卡特尔的企业以奖励（除了避免所有惩罚）。虽然一般而言，竞争执法机构反对提供奖励，但附加宽恕政策实际上包含这样的内容。
③ Herre，Mimra 和 Rasch（2012）；Bos 和 Wandschneider（2013）；Chen，Ghosh 和 Ross（2015）。

和累犯①申请宽恕处理。Chen，Ghosh 和 Ross（2015）研究了卡特尔发起者的申请资格问题。扩展形式的博弈始于两家企业同时决定是否发起卡特尔。如果两家都没有发动，那就没有卡特尔产生。如果一家企业发起，那么另一家企业决定是否赞成。如果选择赞成，就形成了一个卡特尔（如果两者都选择发起，那么其中一个将被随机选为发起者）。如果最终形成了一个卡特尔，那么两家企业都要各自决定是否设定共谋价格（在囚徒困境的背景下）。竞争执法机构随机展开调查，然后两家企业同时决定是否申请宽恕处理。风险占优被用作选择均衡的一个手段，这意味着企业的最优化问题包括对另一家企业是否会申请宽恕的预期（即使企业在均衡中不这样做）。该分析确定了对卡特尔发起人条款实施无宽恕权所导致的权衡。如果企业 1 是发起者，那么它就不能申请。在这种情况下，企业 2 申请宽恕的动力会减弱，这使得共谋更加稳定。相反，无宽恕条款降低了成为卡特尔发起者的动机，从而降低了形成卡特尔的均衡的可能性。当企业非同质且不对称时，还存在一种有趣的共谋推动效应。如果具有更严格的均衡条件的企业成为发起者，那么它无法申请宽恕就会削弱其背叛的动机，这有助于稳定共谋。

　　与申请宽恕资格问题相关的是，Sauvagnat（2014）认为宽恕政策取决于申请的企业的数目。根据美国司法部的企业宽恕计划（corporate leniency program），申请人在调查已经开始时有资格获得宽恕处理的必要条件是调查部门缺乏可能导致定罪的企业证据。在这种情形的启发下，研究人员对能够获得宽恕处理的最低交付证据数量进行了研究。② 一些文献研究了宽恕政策如何影响保留证据和隐瞒卡特尔的动机，例如使用第三方协调人。③ 与该问题相关（虽然不涉及宽恕政策），Reuter（2013）将惩罚与卡特尔是否使用第三方（例如行业协会）来帮助它们进行共谋挂钩。由于私人执法的使用范围不断扩大，Buccirossi，Marvão 和 Spagnolo（2015）基于此研究了当企业对损害负责赔偿但宽恕并不能完全补偿损害赔偿时宽恕政策的影响。

---

① Ishibashi 和 Shimizu（2010）；Chen 和 Rey（2013）。
② Harrington（2008b）；Blatter，Emons 和 Sticher（2014）。
③ Aubert，Rey 和 Kovacic（2006）；Marx 和 Mezzetti（2014）。

4.6 小　结

　　从竞争政策优化设计的研究中得出的见解相当有限，原因不仅在于缺乏研究，而且在于竞争政策在范围上受到的一些限制。如果竞争执法机构追究案件的决策取决于经济层面的数据（特别是价格和数量），那么最优的执法使竞争执法机构会容忍低水平的共谋，从而更有效地阻止高水平的共谋，并节省执法成本。关于惩罚的计算公式，所有司法管辖区使用的惩罚设计都偏离社会最优的设计。事实上，罚款不应基于收入或增量利润，而应基于过度收费。具体而言，它应该是多收部分的费用乘以若无数量（即在竞争性价格下出售的数量），这与客户损害的计算方式不同（客户损害的计算使用实际销售数量，因此是由共谋价格决定的）。

　　当卡特尔罚款是客户损害时，我们可以发现一些细微的结论。当消费者意识到卡特尔的存在并预期到可能会收取损害赔偿金时，买家的福利可能并不会比没有罚款时更好。买家关于购买每个单位获得补偿的预期导致买家需求的价格弹性更小，这导致卡特尔收取更高的价格。当中间商品厂商进行共谋，并且只有直接购买者才拥有得到赔偿的法律地位时，卡特尔可以通过与这些买家分享卡特尔租金来激励他们不起诉。另外，这可以通过不在法律上牵连购买者的方式实现：卡特尔将供给限制在需求以下（在共谋价格下），这提高了直接购买者得到的最终产品的价格。最后，研究表明，使用卡特尔解体后的数据估算损害的标准方法可以促使企业在卡特尔解体后的市场环境中收取高于竞争水平的价格。这种策略定价会高估若无价格，使得估算的损失下降。

　　在政策问题的理论研究中，最广泛讨论的就是宽恕政策。这项研究确定了一系列决定宽恕政策将如何影响卡特尔行为的关键因素。由于共谋企业担心竞争执法机构将检测到卡特尔并征收全额罚款，起诉效应包含了申请宽恕政策的动机。先制效应是在另一个卡特尔成员之前申请的动机。这两种效应是相辅相成的，因为较高的起诉效应会鼓励企业（及其竞争对手）申请宽恕处理，这通过先制效应进一步提高了申请的动机。谈到其对卡特尔稳定性的影响，提供更宽松的计划可以增强卡特尔成员背叛的动机，因为企业可以同时降低价格并通过接受宽恕而避免惩罚（背叛者特赦效应）。即使共谋变得不那么稳定了，更宽恕的政策对卡特尔稳定性的影响还是较为复杂的，因为它通过影响预期罚款而影响共谋的价值。更宽恕的政策直接降低了预期的罚款，因为宽恕的获得者支付的费用较少（卡特尔特赦效应），但通过将所有企业不申请宽恕变为所有企业都申请宽恕提高了预期罚款（争先上庭效应）。总的来说，当宽恕政策更加仁慈时，这三种效应通常会使共谋更加困难。

关于宽恕政策的最优化方面的特征，这一系列工作（尽管不是仅有的）主要建议以下几点：（1）在调查前给予第一家自首的企业最大程度的宽恕，（2）即使在调查开始后也允许申请宽恕处理（虽然可能只是部分宽恕），（3）不限制卡特尔发起者和累犯申请宽恕的资格。正如附加宽恕政策所示，提供关停活跃卡特尔的激励和阻止卡特尔形成之间可能存在冲突。此外，如附加惩罚政策所示，政策的某些部分可能容易受到共谋企业的策略博弈行为的影响。最后，如果没有经过恰当设置补充性政策工具，宽恕政策不仅可能无效，而且可能有害。它可能导致更多的卡特尔形成，因为它削弱了非宽恕执法。为避免这种结果，需要设置足够高的罚款并在处理宽恕案件时减少竞争执法机构负担的执法成本和行政流程。

第五章

可供未来研究的一些方向

在全书的结尾处，我提出一些需要进行进一步理论研究的领域。可以说，卡特尔模型中的关键缺失因素是实际进行共谋的管理者，包括经理和其他企业管理人员。大多数研究的假设是，管理者通过充分考虑组建卡特尔带来的额外利润以及企业可能承受的惩罚来为股东的最佳利益行事。当然，委托代理问题始终存在，而且管理者和股东的利益并不一致。从股东的角度看，这可能导致过少的共谋，因为管理者不是利润的剩余索取者，并且可能以解雇、取消资格、政府罚款甚至监禁的形式受到执法者惩罚。与此同时，可能会出现管理者共谋太多的情况。如果惩罚力度足够大，共谋可能就无利可图，但管理者之间还是会勾结，因为他们的业绩和表现会因为更高的部门利润而得到提高——比如他们获得奖金和晋升——而他们的上司不知道他们可能获罪以及企业可能需要承受的潜在的责任和惩罚。需要在管理层行为的维度上进一步丰富共谋理论，并且这一理论进展一旦完成，竞争政策就不仅包括对企业的惩罚，而且涉及对个人的惩罚，甚至可能加剧管理者与股东之间的利益冲突。[1]

在考虑竞争执法机构的行为时，执法人员的职业发展问题也很重要。在第四章中探讨的竞争执法机构行为的理论模型通常假设执法机构将以最大化社会福利的方式行事。然而可以推测，竞争执法机构的成员反而希望在考虑任何个人成本的同时最大化他们的工作绩效。由于政策和执法行动对社会福利的影响难以评估（特别是因为经济体中的卡特尔数目无法直接观察到），是否可以设计激励计划来促使竞争执法机构的成员关注社会福利还是未知的。例如，竞争执法机构的负责人可能认为其收入和未来的就业前景会受到被起诉的卡特尔数目、胜诉的案件数以及罚款金额的影响。然后，竞争执法机构可能会更加重视关闭活跃卡特尔，而不是阻止潜在卡特尔的形成——因为前者比后者更容易观察到——并且会尽量避免复杂的案件（尽管追查这些案件可以增强威慑力）。给定一个考虑其职业前景的理性的竞争执法机构成员，我们可以探索竞争执法机构的行为是如何偏离社会最优执法的，以及如何正确使用执法规则和自由裁量权可以带来更好的福利结果。[2]

已经有一些文献对这些内容进行了研究，但是在如何使用理论来帮助衡量竞争政策的影响方面还需要更多的研究。如果减少卡特尔的数量（同时节省办案资源），新的竞争政策——例如宽恕政策——应被视为有效的。最基本的数据层面上的挑战是我们观察不到准确的卡特尔数量，而只能观察到被揭露的卡特尔。被揭露的卡特尔数量的变化与全体卡特尔数量的变化并不一定相关。例如，如果在采用某政策后被揭露的卡特尔数量下降，那么是因为卡特尔较少还是因为揭露的可能性较低？此外，被揭露的卡特尔群体不一定是一个总体的有代表性的样本，因此被揭露的卡特尔属性的变化（例如存续时间）并不能反映所有卡特尔的特征。[3] 理论可以用于识

---

① 关于管理者之间共谋的研究，可以参见 Spagnolo（1999，2005）。

② Harrington（2011b）通过比较社会最优案件数量（最小化卡特尔率）与个人最优案件数量（假定最大化定罪数量）来探讨这个问题。如果侦查和定罪不是太困难，那么竞争执法机构的进攻性就不够，因为它起诉的案件会太少。

③ 这一点在 Harrington 和 Wei（2015）中有所考察。

别可能的偏差以及如何使用可观察的数据（例如被揭露的卡特尔）来推断潜在的卡特尔群体的特征和动态。例如，Harrington 和 Chang（2009）给出了如何以被揭露的卡特尔存续时间的变化来衡量新政策的效力。借用测量野生动物种群的生态学方法，Ormosi（2014）使用累犯数目和特征来衡量潜在的卡特尔率。[①] 仅仅制定和实施打击卡特尔的新政策仍然是不够的。至关重要的是，我们要弄清楚如何衡量这些政策的影响。例如，它们是否至少是有效的？尽管可得到的数据有限，仍可以证明理论对指导政策是否有用（就算不是必要的）。

共谋企业支付罚款之前的过程涉及侦查、起诉和定罪。到目前为止，对这些阶段进行建模的研究还很少。通常将它们混合表示成一个单一的概率，如卡特尔被侦查到的概率，从而忽略了许多相关的执法问题。在实践中，司法和行政程序通常不允许用纯粹的经济证据在卡特尔案件中定罪，因为担心没有共谋的企业会被错判（第一类错误）。还有一些错误否定的案子（第二类错误），即共谋的企业要么未被揭露，要么被怀疑但未被起诉（缺乏证据、缺乏资源或竞争执法机构成员对工作成绩的担心导致他们放过疑难问题），或被起诉但未被定罪。扩大责任的定义（例如，使得更多形式的默示共谋被包括进来）和降低证据标准（例如，允许经济证据成为判案甚至定罪的充分条件）可能会削弱竞争，而缩小范围和提高标准将鼓励卡特尔形成并使共谋得以持续。Kaplow（2013）对这种权衡取舍进行了很好的讨论，但是明显缺乏解决这些问题的正式模型。模型需要考虑各种法律制度，以及企业共谋的方式如何影响其行为的非法性，而不仅仅取决于它们是否共谋。这可能意味着需要对卡特尔成员之间的会议进行建模，思考它们如何协调和共享信息，并确定它们如何影响共谋的效力和留下的可调查证据。将责任和证据标准纳入共谋行为的经济模型是一个巨大的未探索领域。在我们进入这个领域之前，竞争法及竞争执法领域的一个基本问题仍将是开放的：社会最优意义下非法共谋的定义是什么？

---

① 另请参阅 Davies 和 Ormosi（2014），以及 Katsoulacos，Motchenkova 和 Ulph（2015b），他们提供了对执法评估的一般分析框架。

参考文献

Allain，Marie-Laure，Marcel Boyer，Rachidi Kotchoni，and Jean-Pierre Pons-sard. "The Determination of Optimal Fines in Cartel Cases—The Myth of Underde-terrence." CIRANO Working Paper 2011s-34，March 2011.

Angelucci，Charles，and Martijn A. Han. "Private and Public Control of Man-agement." Amsterdam Center for Law & Economics Working Paper 2010-14，July 2011.

Aoyagi，Masaki. "Collusion in Dynamic Bertrand Oligopoly with Correlated Private Signals and Communication." *Journal of Economic Theory* 102 (2002)：229 – 248.

Athey，Susan，and Kyle Bagwell. "Optimal Collusion with Private Inform-ation." *RAND Journal of Economics* 32 (2001)：428 – 465.

——. "Collusion with Persistent Cost Shocks." *Econometrica* 76 (2008): 493 – 540.

Aubert, Cecile, Patrick Rey, and William Kovacic. "The Impact of Leniency and Whistle-Blowing Programs on Cartels." *International Journal of Industrial Organization* 24 (2006): 1241 – 1266.

Awaya, Yu, and Vijay Krishna. "On Communication and Collusion." *American Economic Review* 106 (2016): 285 – 315.

Bae, Hyung. "A Price-Setting Supergame between Two Heterogeneous Firms." *European Economic Review* 31 (1987): 1159 – 1171.

Bageri, Vasiliki, Yannis Katsoulacos, and Giancarlo Spagnolo. "The Distortive Effects of Antitrust Fines Based on Revenue." *Economic Journal* 123 (2013): F545 – F557.

Baker, Jonathan B. "Private Information and the Deterrent Effect of Antitrust Damage Remedies." *Journal of Law, Economics, and Organization* 4 (1988): 385 – 408.

——. "Two Sherman Act Section 1 Dilemmas: Parallel Pricing, the Oligopoly Problem, and Contemporary Economic Theory." *Antitrust Bulletin* 38 (Spring 1993): 143 – 219.

Bartolini, David, and Alberto Zazzaro. "The Impact of Antitrust Fines on Formation of Collusive Cartels." *B. E. Journal of Economic Analysis & Policy* 11 (2011): 1 – 28.

Basso, Leonardo J., and Thomas W. Ross. "Measuring the True Harm from Price-Fixing to Both Direct and Indirect Purchasers." *Journal of Industrial Economics* 58 (2010): 895 – 927.

Bernheim, B. Douglas, and Michael D. Whinston. "Multimarket Contact and Collusive Behavior." *RAND Journal of Economics* 21 (1990): 1 – 26.

Besanko, David, and Daniel F. Spulber. "Antitrust Enforcement under Asymmetric Information." *Economic Journal* 99 (1989): 408 – 425.

——. "Are Treble Damages Neutral? Sequential Equilibrium and Private Antitrust Enforcement." *American Economic Review* 80 (1990): 870 – 887.

Blatter, Marc, Winand Emons, and Silvio Sticher. "Optimal Leniency Programs When Firms Have Cumulative and Asymmetric Evidence." Universität Bern, working paper, July 2014.

Block, Michael K., Frederick C. Nold, and Joseph G. Sidak. "The Deterrent Effect of Antitrust Enforcement." *Journal of Political Economy* 89 (1981): 429 – 445.

Boone, Jan, and Wieland Müller. "The Distribution of Harm in Price-Fixing Cases." *International Journal of Industrial Organization* 30 (2012): 265 – 276.

Bos, Iwan, Stephen Davies, Joseph E. Harrington, Jr., and Peter L. Ormosi. "Does Enforcement Deter Cartels? A Tale of Two Tails." University of East Anglia, working paper, September 2016.

Bos, Iwan, and Joseph E. Harrington, Jr. "Endogenous Cartel Formation with Heterogeneous Firms." *RAND Journal of Economics* 41 (2010): 92 – 117.

——. "Competition Policy and Cartel Size." *International Economic Review* 56 (2015): 133 – 153.

Bos, Iwan, Ronald Peeters, and Erik Pot. "Do Antitrust Agencies Facilitate Meetings in Smoke-Filled Rooms?" *Applied Economics Letters* 20 (2013): 611 – 614.

Bos, Iwan, and Frederick Wandschneider. "A Note on Cartel Ringleaders and the Corporate Leniency Program." *Applied Economics Letters* 20 (2013): 1100 – 1103.

Bourjade, Sylvain, Patrick Rey, and Paul Seabright. "Private Antitrust Enforcement in the Presence of Pre-Trial Bargaining." *Journal of Industrial Economics* 57 (2009): 372 – 409.

参考文献

Briggs, Hugh C., Ⅲ, Kathleen D. Huryn, and Mark E. McBride. "Treble Damages and the Incentive to Sue and Settle." *RAND Journal of Economics* 27 (1996): 770 – 786.

Buccirossi, Paolo, Catarina Marvão, and Giancarlo Spagnolo. "Leniency and Damages." Stockholm School of Economics, working paper, November 2015.

Buccirossi, Paolo, and Giancarlo Spagnolo. "Optimal Fines in the Era of Whistleblowers: Should Price Fixers Still Go to Prison?" In *The Political Economy of Antitrust*, edited by V. Ghosal and J. Stennek, 81 – 122. Amsterdam: Elsevier, 2007.

Chan, Jimmy, and Wenzhang Zhang. "Collusion Enforcement with Private Information and Private Monitoring." *Journal of Economic Theory* 157 (2015): 188 – 211.

Chen, Joe, and Joseph E. Harrington, Jr. "The Impact of the Corporate Leniency Program on Cartel Formation and the Cartel Price Path." In *The Political Economy of Antitrust*, edited by V. Ghosal and J. Stennek, 59 – 80. Amsterdam: Elsevier, 2007.

Chen, Zhijun, and Patrick Rey. "On the Design of Leniency Programs." *Journal of Law and Economics* 56 (2013): 917 – 957.

Chen, Zhiqi, Subhadip Ghosh, and Thomas W. Ross. "Denying Leniency to Cartel Instigators: Costs and Benefits." *International Journal of Industrial Organization* 41 (2015): 19 – 29.

Chilet, Jorge Alé. "Gradually Rebuilding a Relationship: Collusion in Retail Pharmacies in Chile." Hebrew University, working paper, April 2016.

Choi, Jay Pil, and Heiko Gerlach. "Global Cartels, Leniency Programs and International Antitrust Cooperation." *International Journal of Industrial Organization* 30 (2012a): 528 – 540.

——. "International Antitrust Enforcement and Multimarket Contact." *Inter-*

national Economic Review 53 (2012b): 635 – 658.

——. "Multi-Market Collusion with Demand Linkages and Antitrust Enforcement." *Journal of Industrial Economics* 61 (2013): 987 – 1022.

——. "Cartels and Collusion—Economic Theory and Experimental Evidence." In *Oxford Handbook on International Antitrust Economics*, edited by D. Blair and D. Sokol, 415 – 441. Oxford: Oxford University Press, 2015.

Coate, Malcom B. "Plus Factors in Price Fixing: Insightful or Anachronistic?" In *Economic and Legal Issues in Competition, Intellectual Property, Bankruptcy, and the Cost of Raising Children*, edited by J. Langenfeld, 1 – 41. *Research in Law and Economics*, Vol. 27, Bingley, UK: Emerald Group Publishing, 2015.

Connor, John M. *Global Price Fixing*. 2nd ed. Berlin: Springer, 2008.

Cyrenne, Philippe. "On Antitrust Enforcement and the Deterrence of Collusive Behavior." *Review of Industrial Organization* 14 (1999): 257 – 272.

Davies, Steve, and Peter L. Ormosi. "The Economic Impact of Cartels and Anti-Cartel Enforcement." University of East Anglia, working paper, October 2014.

Ellis, Christopher J., and Wesley W. Wilson. "Cartels, Price-Fixing, and Corporate Leniency Policy: What Doesn't Kill Us Makes Us Stronger." University of Oregon, 2001.

Escobar, Juan, and Gastón Llanes. "Cooperation Dynamics in Repeated Games of Adverse Selection." Universidad de Chile, working paper, November 2016.

Evans, David S., and A. Jorge Padilla. "Excessive Prices: Using Economics to Define Administratable Legal Rules." *Journal of Competition Law and Economics* 1 (2005): 97 – 122.

Frezal, Sylvestre. "On Optimal Cartel Deterrence Policies." *International Journal of Industrial Organization* 24 (2006): 1231 – 1240.

Friedman, James W. *Oligopoly and the Theory of Games*. Amsterdam: North-Holland, 1977.

Garrod, Luke, and Matthew Olczak. "Collusion, Firm Numbers and Asymmetries Revisited." Loughborough University, working paper, January 2016a.

——. "Collusion under Imperfect Monitoring with Asymmetric Firms." Loughborough University, March 2016b (*Journal of Industrial Economics*, forthcoming).

Gärtner, Dennis. "Corporate Leniency in a Dynamic World: The Preemptive Push of an Uncertain Future." University of Bonn, working paper, October 2013.

Gerlach, Heiko. "Stochastic Market Sharing, Partial Communication and Collusion." *International Journal of Industrial Organization* 27 (2009): 655 – 666.

Green, Edward J., and Robert H. Porter. "Noncooperative Collusion under Imperfect Price Information." *Econometrica* 52 (1984): 87 – 100.

Hammond, Scott D. "Cornerstones of an Effective Leniency Program." ICN Workshop on Leniency Programs, Sydney, Australia, November 22 – 23, 2004.

Harrington, Joseph E., Jr. "Collusion among Asymmetric Firms: The Case of Different Discount Factors." *International Journal of Industrial Organization* 7 (1989): 289 – 307.

——. "The Determination of Price and Output Quotas in a Heterogeneous Cartel." *International Economic Review* 32 (1991): 767 – 792.

——. "Some Implications of Antitrust Laws for Cartel Pricing." *Economics Letters* 79 (2003): 377 – 383.

——. "Cartel Pricing Dynamics in the Presence of an Antitrust Authority." *RAND Journal of Economics* 35 (2004a): 651 – 673.

——. "Post-Cartel Pricing During Litigation." *Journal of Industrial Economics* 52 (2004b): 517 – 533.

——. "Optimal Cartel Pricing in the Presence of an Antitrust Authority." *International Economic Review* 46 (2005): 145 – 169.

——. "How Do Cartels Operate?" *Foundations and Trends in Microeconomics* 2 (July 2006).

共谋理论和竞争政策

————. "Behavioral Screening and the Detection of Cartels." In *European Competition Law Annual 2006: Enforcement of Prohibition of Cartels*, edited by C. -D. Ehlermann and I. Atanasiu, 51 – 68. Oxford: Hart Publishing, 2007.

————. "Detecting Cartels." In *Handbook of Antitrust Economics*, edited by P. Buccirossi, 213 – 258. Cambridge, MA: MIT Press, 2008a.

————. "Optimal Corporate Leniency Programs." *Journal of Industrial Economics* 56 (2008b): 215 – 246.

————. "Posted Pricing as a Plus Factor." *Journal of Competition Law and Economics* 7 (2011a): 1 – 35.

————. "When Is an Antitrust Authority Not Aggressive Enough in Fighting Cartels?" *International Journal of Economic Theory* 7 (2011b): 39 – 50.

————. "Corporate Leniency with Private Information: An Exploratory Example." In *Recent Advances in the Analysis of Competition Policy and Regulation*, edited by J. E. Harrington Jr. and Y. Katsoulakos, 28 – 48. Cheltenham, UK: Edward Elgar, 2012.

————. "Corporate Leniency Programs When Firms Have Private Information: The Push of Prosecution and the Pull of Pre-emption." *Journal of Industrial Economics* 61 (2013a): 1 – 27.

————. "Evaluating Mergers for Coordinated Effects and the Role of 'Parallel Accommodating Conduct'." *Antitrust Law Journal* 78 (2013b): 651 – 668.

————. "Penalties and the Deterrence of Unlawful Collusion." *Economics Letters* 124 (2014): 33 – 36.

————. "A Theory of Collusion with Partial Mutual Understanding." *Research in Economics* 71 (2017): 140 – 158.

Harrington, Joseph E., Jr., and Myong-Hun Chang. "Modelling the Birth and Death of Cartels with an Application to Evaluating Antitrust Policy." *Journal of the European Economic Association* 7 (2009): 1400 – 1435.

————. "When Should We Expect a Corporate Leniency Program to Result in Fewer Cartels?" *Journal of Law and Economics* 28 (2015): 417 – 449.

Harrington, Joseph E., Jr., and Joe Chen. "Cartel Pricing Dynamics with Cost Variability and Endogenous Buyer Detection." *International Journal of Industrial Organization* 24 (2006): 1185 – 1212.

Harrington, Joseph E., Jr., and Andrzej Skrzypacz. "Private Monitoring and Communication in Cartels: Explaining Recent Collusive Practices." *American Economic Review* 101 (2011): 2425 – 2449.

Harrington, Joseph E., Jr., and Yanhao Wei. "What Can the Duration of Discovered Cartels Tell Us about the Duration of All Cartels?" University of Pennsylvania, The Wharton School, December 2015 (*Economic Journal*, forthcoming).

Hay, George A. "The Meaning of 'Agreement' under the Sherman Act: Thoughts from the 'Facilitating Practices' Experience." *Review of Industrial Organization* 16 (2000): 113 – 129.

Herre, Jesko, Wanda Mimra, and Alexander Rasch. "Excluding Ringleaders from Leniency Programs." University of Cologne, working paper, April 2012.

Hinloopen, Jeroen. "Internal Cartel Stability with Time-Dependent Detection Probabilities." *International Journal of Industrial Organization* 24 (2006): 1213 – 1229.

Hörner, Johannes, and Julian Jamison. "Collusion with (Almost) No Information." *RAND Journal of Economics* 38 (2007): 804 – 822.

Houba, Harold, Evgenia Motchenkova, and Quan Wen. "Competitive Prices as Optimal Cartel Prices." *Economics Letters* 114 (2012): 39 – 42.

Ishibashi, Ikuo, and Daisuke Shimizu. "Collusive Behavior under a Leniency Program." *Journal of Economics* 101 (2010): 169 – 183.

Jensen, Sissel, and Lar Sørgard. "Fine Schedule with Heterogeneous Cartels: Are the Wrong Cartels Deterred?" Norwegian School of Economics, working paper, March 2014.

Jullien, Bruno, and Patrick Rey. "Resale Price Maintenance and Collusion." *RAND Journal of Economics* 38 (2007): 983 – 1001.

Kalai, Ehud, and Ehud Lehrer. "Rational Learning Leads to Nash Equilibrium." *Econometrica* 561 (1993): 1019 – 1045.

Kalb, Jonas. "The Effect of Penalty Regimes on Endogenous Cartel Formation." University of St. Andrews, working paper, March 2016.

Kaplow, Louis. *Competition Policy and Price Fixing*. Princeton, NJ: Princeton University Press, 2013.

Katsoulacos, Yannis, Evgenia Motchenkova, and David Ulph. "Measuring the Effectiveness of Anti-Cartel Interventions: A Conceptual Framework." University of St. Andrews, working paper, December 2015a.

——. "Penalizing Cartels: The Case for Basing Penalties on Price Overcharge." *International Journal of Industrial Organization* 42 (2015b): 70 – 80.

Katsoulacos, Yannis, and David Ulph. "Antitrust Penalties and the Implications of Empirical Evidence on Cartel Overcharges." *Economic Journal* 123 (2013): F558 – F581.

Klevorick, Alvin K., and Issa B. Kohler-Hausmann. "The Plausibility of Twombly: Proving Horizontal Agreements after Twombly." In *Research Handbook on the Economics of Antitrust Law*, edited by Einer R. Elhauge, 201 – 245. Cheltenham, UK: Edward Elgar, 2012.

Kovacic, William E. "The Identification and Proof of Horizontal Agreements under the Antirust Laws." *Antitrust Bulletin* 38 (1993): 5 – 81.

Kovacic, William E., Robert C. Marshall, Leslie M. Marx, and Halbert L. White. "Plus Factors and Agreement in Antitrust Law." *Michigan Law Review* 110 (2012): 393 – 436.

Kuipers, J., and N. Olaizola. "A Dynamic Approach to Cartel Formation." *International Journal of Game Theory* 37 (2008): 397 – 408.

Kumar, Vikram. "Collusive Price Announcements with Strategic Buyers." Chicago: Compass Lexecon, October 2016.

Kumar, Vikram, Robert C. Marshall, Leslie M. Marx, and Lily Samkharadze. "Buyer Resistance for Cartel versus Merger." *International Journal of Industrial Organization* 39 (2015): 71 – 80.

LaCasse, Chantale. "Bid Rigging and the Threat of Government Prosecution." *RAND Journal of Economics* 26 (1995): 398 – 417.

Lefouili, Yassine, and Catherine Roux. "Leniency Programs for Multimarket Firms: The Effect of Amnesty Plus on Cartel Formation." *International Journal of Industrial Organization* 30 (2012): 624 – 640.

Levenstein, Margaret C., and Valerie Y. Suslow. "What Determines Cartel Success?" *Journal of Economic Literature* 44 (2006): 43 – 95.

——. "Cartels and Collusion—Empirical Evidence." In *Oxford Handbook on International Antitrust Economics*. Vol. 2, edited by D. Blair and D. Sokol, 442 – 463. Oxford: Oxford University Press, 2015.

Levy, David, and Alvaro Rodriguez. "Does the Threat of Antitrust Policy Keep Prices Down? or: Making Hay While the Sun Shines." *International Journal of Industrial Organization* 5 (1987): 341 – 350.

Marshall, Robert C., and Leslie M. Marx. *The Economics of Collusion— Cartels and Bidding Rings*. Cambridge, MA: MIT Press, 2012.

Marshall, Robert C., Leslie M. Marx, and Claudio Mezzetti. "Antitrust Leniency with Multi-Product Colluders." *American Economic Journal: Microeconomics* 7 (2015): 205 – 240.

Martin, Stephen. "Competition Policy, Collusion, and Tacit Collusion." *International Journal of Industrial Organization* 24 (2006): 1299 – 1332.

Marx, Leslie M., and Claudio Mezzetti. "Effects of Antitrust Leniency on Concealment Effort by Colluding Firms." *Journal of Antitrust Enforcement* 2 (2014):

305 – 332.

McCutcheon, Barbara. "Do Meetings in Smoke-Filled Rooms Facilitate Collusion?" *Journal of Political Economy* 105 (1997): 330 – 350.

Motchenkova, Evgenia. "Determination of Optimal Penalties for Antitrust Violations in a Dynamic Setting." *European Journal of Operational Research* 189 (2008): 269 – 291.

Motta, Massimo. *Competition Policy: Theory and Practice*. Cambridge: Cambridge University Press, 2004.

Motta, Massimo, and Michele Polo. "Leniency Programs and Cartel Prosecution." *International Journal of Industrial Organization* 21 (2003): 347 – 379.

Mouraviev, Igor. "Explicit Collusion under Antitrust Enforcement." Bielefeld University, working paper, August 2013.

Ormosi, Peter L. "A Tip of the Iceberg? The Probability of Catching Cartels." *Journal of Applied Econometrics* 29 (2014): 549 – 566.

Page, William H. "Communication and Concerted Action." *Loyola University Chicago Law Journal* 38 (2007): 405 – 460.

——. "*Twombly* and Communication: The Emerging Definition of Concerted Action under the New Pleading Standards." *Journal of Competition Law and Economics* 5 (2009): 439 – 468.

Paha, Johannes. "Cartel Formation with Endogenous Capacity and Demand Uncertainty." MAGKS Discussion Paper Series 43 – 2013, September 2013 (*Journal of Industrial Economics*, forthcoming).

Park, Sangwon. "The Effect of Leniency Programs on Endogenous Collusion." *Economics Letters* 122 (2014): 326 – 330.

Porter, Robert H. "Optimal Cartel Trigger Price Strategies." *Journal of Economic Theory* 29 (1983): 313 – 338.

Prokop, Jacek. "Process of Dominant-Cartel Formation." *International Journal of*

Industrial Organization 17 (1999): 241 – 257.

Reuter, Tim. "Private Antitrust Enforcement Revisited: The Role of Private Incentives to Report Evidence to the Antitrust Authority." University of Konstanz Working Paper 2012 – 04, February 2012.

——. "Endogenous Cartel Organization and Antitrust Fine Discrimination." University of Konstanz Working Paper 2013 – 09, May 2013.

Rotemberg, Julio J., and Garth Saloner. "A Supergame-Theoretic Model of Price Wars during Booms." *American Economic Review* 76 (1986): 390 – 407.

Salant, Stephen W. "Treble Damage Awards in Private Lawsuits for Price Fixing." *Journal of Political Economy* 95 (1987): 1326 – 1336.

Sauvagnat, Julien. "Are Leniency Programs Too Generous?" *Economics Letters* 123 (2014): 323 – 326.

——. "Prosecution and Leniency Programs: The Role of Bluffing in Opening Investigations." *Journal of Industrial Economics* 63 (2015): 313 – 338.

Schinkel, Maarten Pieter, and Jan Tuinstra. "Imperfect Competition Law Enforcement." *International Journal of Industrial Organization* 24 (2006): 1267 – 1297.

Schinkel, Maarten Pieter, Jan Tuinstra, and Jakob Rüggeberg. "Illinois Walls: How Barring Indirect Purchaser Suits Facilitates Collusion." *RAND Journal of Economics* 39 (2008): 683 – 698.

Schmalensee, Richard. "Competitive Advantage and Collusive Optima." *International Journal of Industrial Organization* 5 (1987): 351 – 367.

Selten, Reinhard. "A Simple Model of Imperfect Competition, Where 4 Are Few and 6 Are Many." *International Journal of Game Theory* 2 (1973): 141 – 201.

Silbye, Frederik. *Topics in Competition Policy: Cartels, Leniency, and Price Discrimination.* PhD thesis, University of Copenhagen, August 2010.

Souam, Saïd. "Optimal Antitrust Policy under Different Regimes of Fines." *International Journal of Industrial Organization* 19 (2001): 1 – 26.

Spagnolo, Giancarlo. "On Interdependent Supergames: Multimarket Contact, Concavity, and Collusion." *Journal of Economic Theory* 89 (1999): 127 – 139.

——. "*Divide et Impera*: Optimal Deterrence Mechanisms against Cartels and Organized Crime." University of Mannheim, working paper, 2003.

——. "Managerial Incentives and Collusive Behavior." *European Economic Review* 49 (2005): 1501 – 1523.

——. "Leniency and Whistleblowers in Antitrust." In *Handbook of Antitrust Economics*, edited by Paolo Buccirossi, 259 – 303. Cambridge, MA: MIT Press, 2008.

Spector, David. "Facilitating Collusion by Exchanging Non-verifiable Sales Reports." Paris School of Economics, working paper, February 2015.

TFEU (Treaty on the Functioning of the European Union). 1999.

Thêpot, Florence, and Jacques Thêpot. "Collusion, Executive Compensation, and Antitrust Fines." University of Glasgow, working paper, June 2016.

Tirole, Jean. *The Theory of Industrial Organization*. Cambridge, MA: MIT Press, 1988.

Verboven, Frank, and Theon van Dijk. "Cartel Damage Claims and the Passing-On Defense." *Journal of Industrial Economics* 57 (2009): 457 – 491.

Vives, Xavier. *Oligopoly Pricing: Old Ideas and New Tools*. Cambridge, MA: MIT Press, 1999.

Werden, Gregory J. "Economic Evidence on the Existence of Collusion: Reconciling Antitrust Law with Oligopoly Theory." *Antitrust Law Journal* 3 (2004): 719 – 800.

Yao, Dennis A., and Susan S. DeSanti. "Game Theory and the Legal Analysis of Tacit Collusion." *Antitrust Bulletin* 38 (Spring 1993): 113 – 141.

参考文献

附录：数学符号

δ：贴现因子

n：企业数量

$\pi(p)$：当所有企业收取一个共同的价格时单个企业的利润

$\pi^d(p)$：当所有其他企业价格为 p，该企业选择价格以最大化利润时的利润水平

π^c：企业之间共谋时单个企业的利润

π^n：静态纳什均衡下单个企业的利润

V^n：当企业之间互相竞争时的企业价值

V^c：当企业之间共谋时的企业价值

σ：企业交罚款的概率

ω：竞争执法机构展开调查的概率

ρ：竞争执法机构展开调查的情况下对卡特尔定罪的概率

f：当期的罚款额；F 为累计罚款额

x：当期的惩罚强度；X 为累积惩罚强度

γ：作用于罚款基数从而得出总罚款额的罚款乘数

ζ：卡特尔在被定罪后进行整改的概率

$1-\beta$：累计罚款的折旧率

经济科学译丛

序号	书名	作者	Author	单价	出版年份	ISBN
1	共谋理论和竞争政策	小约瑟夫·E. 哈林顿	Joseph E. Harrington, Jr.	39.00	2021	978 - 7 - 300 - 28804 - 8
2	国际经济学:理论与政策(第十一版)	保罗·R. 克鲁格曼等	Paul R. Krugman	98.00	2021	978 - 7 - 300 - 28805 - 5
3	微观经济学(第四版)	戴维·A. 贝赞可	David A. Besanko	125.00	2020	978 - 7 - 300 - 28647 - 1
4	经济建模:目的与局限	劳伦斯·A. 博兰德	Lawrence A. Boland	49.00	2020	978 - 7 - 300 - 28532 - 0
5	计量经济分析(第八版)(上下册)	威廉·H. 格林	William H. Greene	158.00	2020	978 - 7 - 300 - 27645 - 8
6	微观经济学(第四版)	保罗·克鲁格曼等	Paul Krugman	86.00	2020	978 - 7 - 300 - 28321 - 0
7	发展宏观经济学(第四版)	皮埃尔·理查德·阿根诺	Pierre—Richard Agenor	79.00	2020	978 - 7 - 300 - 27425 - 6
8	平狄克《微观经济学》(第九版)学习指导	乔纳森·汉密尔顿等	Jonathan Hamilton	42.00	2020	978 - 7 - 300 - 28281 - 7
9	经济地理学:区域和国家一体化	皮埃尔-菲利普·库姆斯等	Pierre—Philippe Combes	56.00	2020	978 - 7 - 300 - 28276 - 3
10	公共部门经济学(第四版)	约瑟夫·E. 斯蒂格利茨等	Joseph E. Stiglitz	96.00	2020	978 - 7 - 300 - 28218 - 3
11	递归宏观经济理论(第三版)	拉尔斯·扬奎斯特等	Lars Ljungqvist	128.00	2020	978 - 7 - 300 - 28058 - 5
12	策略博弈(第四版)	阿维纳什·迪克西特等	Avinash Dixit	85.00	2020	978 - 7 - 300 - 28005 - 9
13	劳动关系(第10版)	小威廉·H. 霍利等	William H. Holley, Jr.	83.00	2020	978 - 7 - 300 - 25582 - 8
14	微观经济学(第九版)	罗伯特·S. 平狄克等	Robert S. Pindyck	93.00	2020	978 - 7 - 300 - 26640 - 4
15	宏观经济学(第十版)	N. 格里高利·曼昆	N. Gregory Mankiw	79.00	2020	978 - 7 - 300 - 27631 - 1
16	宏观经济学(第九版)	安德鲁·B.亚伯等	Andrew B. Abel	95.00	2020	978 - 7 - 300 - 27382 - 2
17	商务经济学(第二版)	克里斯·马尔赫恩等	Chris Mulhearn	56.00	2019	978 - 7 - 300 - 24491 - 4
18	管理经济学:基于战略的视角(第二版)	蒂莫西·费希尔等	Timothy Fisher	58.00	2019	978 - 7 - 300 - 23886 - 9
19	投入产出分析:基础与扩展(第二版)	罗纳德·E. 米勒等	Ronald E. Miller	98.00	2019	978 - 7 - 300 - 26845 - 3
20	宏观经济学:政策与实践(第二版)	弗雷德里克·S. 米什金	Frederic S. Mishkin	89.00	2019	978 - 7 - 300 - 26809 - 5
21	国际商务:亚洲视角	查尔斯·W. L. 希尔等	Charles W. L. Hill	108.00	2019	978 - 7 - 300 - 26791 - 3
22	统计学:在经济和管理中的应用(第10版)	杰拉德·凯勒	Gerald Keller	158.00	2019	978 - 7 - 300 - 26771 - 5
23	经济学精要(第五版)	R. 格伦·哈伯德等	R. Glenn Hubbard	99.00	2019	978 - 7 - 300 - 26561 - 2
24	环境经济学(第七版)	埃班·古德斯坦等	Eban Goodstein	78.00	2019	978 - 7 - 300 - 23867 - 8
25	管理者微观经济学	戴维·M.克雷普斯	David M. Kreps	88.00	2019	978 - 7 - 300 - 22914 - 0
26	税收与企业经营战略:筹划方法(第五版)	迈伦·S. 斯科尔斯等	Myron S. Scholes	78.00	2018	978 - 7 - 300 - 25999 - 4
27	美国经济史(第12版)	加里·M. 沃尔顿等	Gary M. Walton	98.00	2018	978 - 7 - 300 - 26473 - 8
28	组织经济学:经济学分析方法在组织管理上的应用(第五版)	塞特斯·杜玛等	Sytse Douma	62.00	2018	978 - 7 - 300 - 25545 - 3
29	经济理论的回顾(第五版)	马克·布劳格	Mark Blaug	88.00	2018	978 - 7 - 300 - 26252 - 9
30	实地实验:设计、分析与解释	艾伦·伯格等	Alan S. Gerber	69.80	2018	978 - 7 - 300 - 26319 - 9
31	金融学(第二版)	兹维·博迪等	Zvi Bodie	75.00	2018	978 - 7 - 300 - 26134 - 8
32	空间数据分析:模型、方法与技术	曼弗雷德·M. 费希尔等	Manfred M. Fischer	36.00	2018	978 - 7 - 300 - 25304 - 6
33	《宏观经济学》(第十二版)学习指导书	鲁迪格·多恩布什等	Rudiger Dornbusch	38.00	2018	978 - 7 - 300 - 26063 - 1
34	宏观经济学(第四版)	保罗·克鲁格曼等	Paul Krugman	68.00	2018	978 - 7 - 300 - 26068 - 6
35	计量经济学导论:现代观点(第六版)	杰弗里·M. 伍德里奇	Jeffrey M. Wooldridge	109.00	2018	978 - 7 - 300 - 25914 - 7
36	经济思想史:伦敦经济学院讲演录	莱昂内尔·罗宾斯	Lionel Robbins	59.80	2018	978 - 7 - 300 - 25258 - 2
37	空间计量经济学入门——在 R 中的应用	朱塞佩·阿尔比亚	Giuseppe Arbia	45.00	2018	978 - 7 - 300 - 25458 - 6
38	克鲁格曼经济学原理(第四版)	保罗·克鲁格曼等	Paul Krugman	88.00	2018	978 - 7 - 300 - 25639 - 9
39	发展经济学(第七版)	德怀特·H. 波金斯等	Dwight H. Perkins	98.00	2018	978 - 7 - 300 - 25506 - 4
40	线性与非线性规划(第四版)	戴维·G.卢恩伯格等	David G. Luenberger	79.80	2018	978 - 7 - 300 - 25391 - 6
41	产业组织理论	让·梯若尔	Jean Tirole	110.00	2018	978 - 7 - 300 - 25170 - 7
42	经济学精要(第六版)	巴德,帕金	Bade, Parkin	89.00	2018	978 - 7 - 300 - 24749 - 6
43	空间计量经济学——空间数据的分位数回归	丹尼尔·P. 麦克米伦	Daniel P. McMillen	30.00	2018	978 - 7 - 300 - 23949 - 1
44	高级宏观经济学基础(第二版)	本·J. 海德拉	Ben J. Heijdra	88.00	2018	978 - 7 - 300 - 25147 - 9
45	税收经济学(第二版)	伯纳德·萨拉尼耶	Bernard Salanié	42.00	2018	978 - 7 - 300 - 23866 - 1
46	国际贸易(第三版)	罗伯特·C. 芬斯特拉	Robert C. Feenstra	73.00	2017	978 - 7 - 300 - 25327 - 5
47	国际宏观经济学(第三版)	罗伯特·C. 芬斯特拉	Robert C. Feenstra	79.00	2017	978 - 7 - 300 - 25326 - 8
48	公司治理(第五版)	罗伯特·A. G. 蒙克斯	Robert A. G. Monks	69.80	2017	978 - 7 - 300 - 24972 - 8

经济科学译丛

序号	书名	作者	Author	单价	出版年份	ISBN
49	国际经济学(第15版)	罗伯特·J. 凯伯	Robert J. Carbaugh	78.00	2017	978-7-300-24844-8
50	经济理论和方法史(第五版)	小罗伯特·B. 埃克伦德等	Robert B. Ekelund. Jr.	88.00	2017	978-7-300-22497-8
51	经济地理学	威廉·P. 安德森	William P. Anderson	59.80	2017	978-7-300-24544-7
52	博弈与信息:博弈论概论(第四版)	艾里克·拉斯穆森	Eric Rasmusen	79.80	2017	978-7-300-24546-1
53	MBA宏观经济学	莫里斯·A. 戴维斯	Morris A. Davis	38.00	2017	978-7-300-24268-2
54	经济学基础(第十六版)	弗兰克·V. 马斯切纳	Frank V. Mastrianna	42.00	2017	978-7-300-22607-1
55	高级微观经济学:选择与竞争性市场	戴维·M. 克雷普斯	David M. Kreps	79.80	2017	978-7-300-23674-2
56	博弈论与机制设计	Y. 内拉哈里	Y. Narahari	69.80	2017	978-7-300-24209-5
57	宏观经济学(第十二版)	鲁迪格·多恩布什等	Rudiger Dornbusch	69.00	2017	978-7-300-23772-5
58	国际金融与开放宏观经济学:理论、历史与政策	亨德里克·范登伯格	Hendrik Van den Berg	68.00	2016	978-7-300-23380-2
59	经济学(微观部分)	达龙·阿西莫格鲁等	Daron Acemoglu	59.00	2016	978-7-300-21786-4
60	经济学(宏观部分)	达龙·阿西莫格鲁等	Daron Acemoglu	45.00	2016	978-7-300-21886-1
61	中级微观经济学——直觉思维与数理方法(上下册)	托马斯·J. 内契巴	Thomas J. Nechyba	128.00	2016	978-7-300-22363-6
62	环境与自然资源经济学(第十版)	汤姆·蒂坦伯格等	Tom Tietenberg	72.00	2016	978-7-300-22900-3
63	货币金融学(第十一版)	弗雷德里克·S. 米什金	Frederic S. Mishkin	85.00	2016	978-7-300-23001-6
64	动态优化——经济学和管理学中的变分法和最优控制(第二版)	莫顿·I. 凯曼等	Morton I. Kamien	48.00	2016	978-7-300-23167-9
65	投资学精要(第九版)	兹维·博迪等	Zvi Bodie	108.00	2016	978-7-300-22236-3
66	环境经济学(第二版)	查尔斯·D. 科尔斯塔德	Charles D. Kolstad	68.00	2016	978-7-300-22255-4
67	MWG《微观经济理论》习题解答	原千晶等	Chiaki Hara	75.00	2016	978-7-300-22306-3
68	横截面与面板数据的计量经济分析(第二版)	杰弗里·M. 伍德里奇	Jeffrey M. Wooldridge	128.00	2016	978-7-300-21938-7
69	宏观经济学(第十二版)	罗伯特·J. 戈登	Robert J. Gordon	75.00	2016	978-7-300-21978-3
70	动态最优化基础	蒋中一	Alpha C. Chiang	42.00	2015	978-7-300-22068-0
71	管理经济学:理论、应用与案例(第八版)	布鲁斯·艾伦等	Bruce Allen	79.80	2015	978-7-300-21991-2
72	微观经济分析(第三版)	哈尔·R. 范里安	Hal R. Varian	68.00	2015	978-7-300-21536-5
73	财政学(第十版)	哈维·S. 罗森等	Harvey S. Rosen	68.00	2015	978-7-300-21754-3
74	经济数学(第三版)	迈克尔·霍伊等	Michael Hoy	88.00	2015	978-7-300-21674-4
75	发展经济学(第九版)	A. P. 瑟尔沃	A. P. Thirlwall	69.80	2015	978-7-300-21193-0
76	宏观经济学(第五版)	斯蒂芬·D. 威廉森	Stephen D. Williamson	69.00	2015	978-7-300-21169-5
77	现代时间序列分析导论(第二版)	约根·沃特斯等	Jürgen Wolters	39.80	2015	978-7-300-20625-7
78	空间计量经济学——从横截面数据到空间面板	J. 保罗·埃尔霍斯特	J. Paul Elhorst	32.00	2015	978-7-300-21024-7
79	战略经济学(第五版)	戴维·贝赞可等	David Besanko	78.00	2015	978-7-300-20679-0
80	博弈论导论	史蒂文·泰迪斯	Steven Tadelis	58.00	2015	978-7-300-19993-1
81	社会问题经济学(第二十版)	安塞尔·M. 夏普等	Ansel M. Sharp	49.00	2015	978-7-300-20279-2
82	时间序列分析	詹姆斯·D. 汉密尔顿	James D. Hamilton	118.00	2015	978-7-300-20213-6
83	微观经济理论	安德鲁·马斯-克莱尔等	Andreu Mas-Collel	148.00	2014	978-7-300-19986-3
84	产业组织:理论与实践(第四版)	唐·E. 瓦尔德曼等	Don E. Waldman	75.00	2014	978-7-300-19722-7
85	公司金融理论	让·梯若尔	Jean Tirole	128.00	2014	978-7-300-20178-8
86	公共部门经济学	理查德·W. 特里西	Richard W. Tresch	49.00	2014	978-7-300-18442-5
87	计量经济学导论(第三版)	詹姆斯·H. 斯托克等	James H. Stock	69.00	2014	978-7-300-18467-8
88	中级微观经济学(第六版)	杰弗里·M. 佩罗夫	Jeffrey M. Perloff	89.00	2014	978-7-300-18441-8
89	计量经济学原理与实践	达摩达尔·N. 古扎拉蒂	Damodar N.Gujarati	49.80	2013	978-7-300-18169-1
90	经济学简史——处理沉闷科学的巧妙方法(第二版)	E. 雷·坎特伯里	E. Ray Canterbery	58.00	2013	978-7-300-17571-3
91	环境经济学	彼得·伯克等	Peter Berck	55.00	2013	978-7-300-16538-7
92	高级微观经济理论	杰弗里·杰里	Geoffrey A. Jehle	69.00	2012	978-7-300-16613-1

经济科学译丛

序号	书名	作者	Author	单价	出版年份	ISBN
93	高级宏观经济学导论:增长与经济周期(第二版)	彼得·伯奇·索伦森等	Peter Birch Sørensen	95.00	2012	978-7-300-15871-6
94	卫生经济学(第六版)	舍曼·富兰德等	Sherman Folland	79.00	2011	978-7-300-14645-4
95	现代劳动经济学:理论与公共政策(第十版)	罗纳德·G.伊兰伯格等	Ronald G. Ehrenberg	69.00	2011	978-7-300-14482-5
96	计量经济学基础(第五版)(上下册)	达摩达尔·N.古扎拉蒂	Damodar N. Gujarati	99.00	2011	978-7-300-13693-6
97	《计量经济学基础》(第五版)学生习题解答手册	达摩达尔·N.古扎拉蒂等	Damodar N. Gujarati	23.00	2012	978-7-300-15080-8

金融学译丛

序号	书名	作者	Author	单价	出版年份	ISBN
1	金融工程学原理(第三版)	罗伯特·L.科索斯基等	Robert L. Kosowski	109.00	2020	978-7-300-28541-2
2	金融市场与金融机构(第12版)	杰夫·马杜拉	Jeff Madura	99.00	2020	978-7-300-27836-0
3	个人理财(第11版)	E.托马斯·加曼等	E. Thomas Garman	108.00	2020	978-7-300-25653-5
4	银行学(第二版)	芭芭拉·卡苏等	Barbara Casu	99.00	2020	978-7-300-28034-9
5	金融衍生工具与风险管理(第十版)	唐·M.钱斯	Don M. Chance	98.00	2020	978-7-300-27651-9
6	投资学导论(第十二版)	赫伯特·B.梅奥	Herbert B. Mayo	89.00	2020	978-7-300-27653-3
7	金融几何学	阿尔文·库鲁克	Alvin Kuruc	58.00	2020	978-7-300-14104-6
8	银行风险管理(第四版)	若埃尔·贝西	Joël Bessis	56.00	2019	978-7-300-26496-7
9	金融学原理(第八版)	阿瑟·J.基翁等	Arthur J. Keown	79.00	2018	978-7-300-25638-2
10	财务管理基础(第七版)	劳伦斯·J.吉特曼等	Lawrence J. Gitman	89.00	2018	978-7-300-25339-8
11	利率互换及其他衍生品	霍华德·科伯	Howard Corb	69.00	2018	978-7-300-25294-0
12	固定收益证券手册(第八版)	弗兰克·J.法博齐	Frank J. Fabozzi	228.00	2017	978-7-300-24227-9
13	金融市场与金融机构(第8版)	弗雷德里克·S.米什金等	Frederic S. Mishkin	86.00	2017	978-7-300-24731-1
14	兼并、收购和公司重组(第六版)	帕特里克·A.高根	Patrick A. Gaughan	89.00	2017	978-7-300-24231-6
15	债券市场:分析与策略(第九版)	弗兰克·J.法博齐	Frank J. Fabozzi	98.00	2016	978-7-300-23495-3
16	财务报表分析(第四版)	马丁·弗里德森	Martin Fridson	46.00	2016	978-7-300-23037-5
17	国际金融学	约瑟夫·P.丹尼尔斯等	Joseph P. Daniels	65.00	2016	978-7-300-23037-1
18	国际金融	阿德里安·巴克利	Adrian Buckley	88.00	2016	978-7-300-22668-2
19	个人理财(第六版)	阿瑟·J.基翁	Arthur J. Keown	85.00	2016	978-7-300-22711-5
20	投资学基础(第三版)	戈登·J.亚历山大等	Gordon J. Alexander	79.00	2015	978-7-300-20274-7
21	金融风险管理(第二版)	彼得·F.克里斯托弗森	Peter F. Christoffersen	46.00	2015	978-7-300-21210-4
22	风险管理与保险管理(第十二版)	乔治·E.瑞达等	George E. Rejda	95.00	2015	978-7-300-21486-3
23	个人理财(第五版)	杰夫·马杜拉	Jeff Madura	69.00	2015	978-7-300-20583-0
24	企业价值评估	罗伯特·A.G.蒙克斯等	Robert A. G. Monks	58.00	2015	978-7-300-20582-3
25	基于Excel的金融学原理(第二版)	西蒙·本尼卡	Simon Benninga	79.00	2014	978-7-300-18899-7
26	金融工程学原理(第二版)	萨利赫·N.内夫特奇	Salih N. Neftci	88.00	2014	978-7-300-19348-9
27	国际金融市场导论(第六版)	斯蒂芬·瓦尔德斯等	Stephen Valdez	59.80	2014	978-7-300-18896-6
28	金融数学:金融工程引论(第二版)	马雷克·凯宾斯基等	Marek Capinski	42.00	2014	978-7-300-17650-5
29	财务管理(第二版)	雷蒙德·布鲁克斯	Raymond Brooks	69.00	2014	978-7-300-19085-3
30	期货与期权市场导论(第七版)	约翰·C.赫尔	John C. Hull	69.00	2014	978-7-300-18994-9
31	国际金融:理论与实务	皮特·塞尔居	Piet Sercu	88.00	2014	978-7-300-18413-5
32	货币、银行和金融体系	R.格伦·哈伯德等	R.Glenn Hubbard	75.00	2013	978-7-300-17856-1
33	并购造价值(第二版)	萨德·苏达斯纳	Sudi Sudarsanam	89.00	2013	978-7-300-17473-0
34	个人理财——理财技能培养方法(第三版)	杰克·R.卡普尔等	Jack R. Kapoor	66.00	2013	978-7-300-16687-2
35	国际财务管理	吉尔特·贝克特	Geert Bekaert	95.00	2012	978-7-300-16031-3
36	应用公司财务(第三版)	阿斯沃思·达摩达兰	Aswath Damodaran	88.00	2012	978-7-300-16034-4
37	资本市场:机构与工具(第四版)	弗兰克·J.法博齐	Frank J.Fabozzi	85.00	2011	978-7-300-13828-2

The Theory of Collusion and Competition Policy

By Joseph E. Harrington, Jr.

Copyright © 2017 by Massachusetts Institute of Technology

Simplified Chinese version © 2021 by China Renmin University Press.

All Rights Reserved.

图书在版编目（CIP）数据

共谋理论和竞争政策／（美）小约瑟夫·E. 哈林顿著；
王申，陈媚译. -- 北京：中国人民大学出版社，2021.1
（经济科学译丛）
ISBN 978-7-300-28804-8

Ⅰ. ①共… Ⅱ. ①小… ②王… ③陈… Ⅲ. ①博弈论
－应用－产业经济－研究 Ⅳ. ①F224.32

中国版本图书馆 CIP 数据核字（2020）第 249100 号

"十三五"国家重点出版物出版规划项目
经济科学译丛
共谋理论和竞争政策
小约瑟夫·E. 哈林顿　著
王申　陈媚　译
吴汉洪　校
Gongmou Lilun he Jingzheng Zhengce

出版发行	**中国人民大学出版社**		
社　　址	北京中关村大街 31 号	**邮政编码**	100080
电　　话	010 - 62511242（总编室）	010 - 62511770（质管部）	
	010 - 82501766（邮购部）	010 - 62514148（门市部）	
	010 - 62515195（发行公司）	010 - 62515275（盗版举报）	
网　　址	http://www.crup.com.cn		
经　　销	新华书店		
印　　刷	天津中印联印务有限公司		
规　　格	185mm×260mm 16 开本	**版　　次**	2021 年 1 月第 1 版
印　　张	7.25　插页 2	**印　　次**	2021 年 1 月第 1 次印刷
字　　数	106 000	**定　　价**	39.00 元

版权所有　侵权必究　印装差错　负责调换